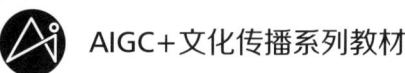

AIGC+文化传播系列教材　　　丛书主编·张洪生　王青亦

非遗+AI
从数字化保护到智能化应用

INTANGIBLE CULTURAL
HERITAGE+AI

杨红　主编

中国国际广播出版社

AIGC+文化传播系列教材编委会名单

主　编

张洪生　王青亦

执行主编

靳　斌

编委会成员

王文勋　武　楠　徐文松　杨　红　周丽娜

总　序

在数字经济与智能技术深度融合的全球浪潮中，人工智能作为国家核心竞争力的战略地位日益凸显。人工智能作为引领新一轮科技革命和产业变革的战略性技术，正深刻改变着人类生产生活方式。在文化领域，这场技术革命催生出前所未有的变革动能。早在2017年，《新一代人工智能发展规划》就将人工智能提升到"国家战略科技力量的高度"。《"十四五"文化产业发展规划》强调以科技创新赋能产业升级。人工智能与文化产业的深度融合已成为推动文化新质生产力发展、增强国家文化软实力的重要引擎。

当前，我国文化产业正经历从规模扩张向质量跃升的关键转型，人工智能技术的深度应用不仅重构了文化生产、传播、消费的生态系统，更催生出以文化新质生产力为核心的发展动能。在此背景下，中国传媒大学文化产业管理学院顺应时代变革、回应产业需求，发挥学科优势和团队优势，组织以我院为主的多位专家学者编写首套人工智能与文化传播融合创新系列教材，立足国家文化数字化战略，着眼人工智能技术前沿，构建起涵盖理论探索、产业实践、伦理规范的全方位知识体系。

本系列教材共八本，分别从文化新质生产力、文化传播、人工智能艺术、视听产业、虚拟偶像、非遗、人工智能法、国家形象传播等方面进行研究。

人工智能技术与文化领域的深度融合正在重塑社会生产与传播方式，形成多维度创新生态。在文化生产层面，技术驱动下催生出新质文化生产力，通过智能化手段优化文化资源开发效率，显著提升文化产品的创意转化能力和市场竞争力。文化传播领域经历着从传统媒介到数字平台的范式跃迁。人工智能深度介入内容分发机制，借助大数据分析与算法推荐实现精准传播，同时虚拟现实、增强现实等技术拓展了沉浸式体验场景，推动文化传播形态向多元化、交互化发展。

艺术创作边界在人机协同中被重新定义，生成对抗网络、大模型等技术为艺术表达开辟新路径。机器学习算法不仅能模拟人类创作风格，更在抽象艺术、动态影像等领域展现出独特创造力，引发关于艺术本质与主体性的哲学思辨。视听产业迎来智能化升级，从剧本分析、角色设计到后期特效，人工智能贯穿影视制作全流程，动态捕捉技术与实时渲染引擎大幅提升内容生产效率。虚拟主播与AI剪辑师的应用重构行业分工体系，同时也带来内容真实性与版权归属的争议。

文化遗产保护进入数字化转型新阶段：区块链技术实现非遗数字资产确权；三维扫描与数字孪生技术构建文化遗产的虚拟镜像；AI驱动的图像修复与声音复原让历史记忆焕发新生。在法律规制层面，算法偏见、数据隐私等问题催生新的法律研究方向，司法实践中开始探索人工智能创作物的著作权认定标准与侵权责任划分机制。在国家软实力建设维度，AI技术被应用于国际传播能力建设，通过多语种自动翻译系统、舆情智能分析平台等构建跨文化传播矩阵，动态监测全球舆论场态势，为塑造立体化国家形象提供技术支撑。

总　序

　　这种技术赋能的文化生态变革，在提升产业效能的同时，也引发对文化多样性、创作伦理与人文价值的深层思考，推动着人类在智能化浪潮中寻求技术创新与文化传承的平衡之道。

　　站在数字文明与中华文明交汇的历史坐标上，人工智能正以"数智赋能文化，创新驱动未来"的磅礴之力推动文化发展。希望这套教材能够为高校人才培养提供系统化知识图谱，为文化领域数字化转型提供方法论工具，并通过建立技术伦理框架引导行业健康发展。

张洪生
中国传媒大学文化产业管理学院执行院长
2025.4

序言：人工智能会给非遗传承带来什么？

在2024年5月开馆的广东省非物质文化遗产（简称非遗）馆里，笔者与展厅里的热门展项——"AI讲古人"互动对话："你好，讲古人！请给我讲讲五羊传说！"屏幕里的虚拟数字人随即声情并茂，娓娓道来。利用AI数字人合成技术与自然语言对话技术，"AI讲古人"不仅可以绘声绘色地讲述广东各地的民间故事，还可以答复非物质文化遗产相关知识，精通普通话和粤语，全天候为观众提供语音交互服务。

人工智能等新兴技术离非物质文化遗产并不遥远，这也引发了笔者的思考：如何让人工智能在非遗保护传承中发挥突破性作用？人工智能是否也会给非遗传承带来挑战？

人工智能已应用于非遗产品的设计推广

生成式人工智能（GAI）快速发展，"文生图""图生图"的应用范围不断扩大。最先介入的是与视觉艺术相关的非遗门类，包括传统美术、传统技艺等，业已进入非遗产品的设计环节。蜀菁文化是国内较早开始借助AI图像生成技术研发传统工艺技艺类非遗产品的团队。早期，该团队将图像生成技术用于大熊猫主题蜀绣工艺品的打样,后来尝试生成蜀锦图案,设计制作AI新锦绣高跟鞋、围巾等。这些"非遗+AI"的试水产品已投入市场,据说获得了不错的反馈。目前,该团队开始对蜀绣蜀锦产品进行网络定制化服务,为消费者提供心仪的图片,并可对AI生成的背景图案进行挑选,还可通过网络实时观看手工绣制过程,在直观感受传统工艺价值的同时收获时尚个性化的产品,获得现代消费体验。

借助AI数字人直播技术,人工智能也开始应用于非遗产品的推广和销售环节。江苏省级非遗项目天目湖白茶制作技艺的传承人江康林,通过百度慧播星平台打造个人专属AI数字人,自动生成超拟真的主播形象、声音、直播脚本和直播间,并在2023年"双十一"期间进行了一场电商直播。直播间里,AI数字人主播不仅可以24小时不间断地直播,还可以根据观众在评论区的提问进行智能回答,提供专业知识和购买建议。未来,不断完善的AI数字人直播技术可匹配更多门类非遗产品的电商直播销售,帮助非遗传承人在营销环节"减负",把更多的时间留给手艺的制作与传习。

生成式人工智能可助力非遗传承不再受产品设计、市场营销等现代辅助性工种的制约,帮助非遗产品自主适应现代消费与审美需求。

人工智能助力非遗传承的潜能巨大

非遗是活态的文化遗产,只有在人民群众的传承实践中才能焕发生命力。而人工智能等相关技术可在非遗资源的深度挖掘、盘活利用、开放共享等方面发挥突破性、结构性作用,提高非物质文化遗产系统性保护、创造性转化和创新性发展的实现维度,将文化传承与创新推进到更高层次。

人工智能技术可在非遗数字化采集方面,尤其是在数据转化利用方序言：人工智能会给非遗传承带来什么？

面发挥突出作用。腾讯游戏NExT Studios音频团队在古琴艺术国家级代表性传承人林晨老师的指导下，对明代古琴进行音色采样，通过音频技术后期处理与算法合成，最终产出10892个古琴音色样本，对应56种常用演奏指法。此后，QQ音乐基于这些古琴音色样本和演奏方法，利用银河音效AI技术进行了曲目创编和古琴音色转换，于2023年12月创作出第一首AI古琴曲《古今有琴》。参考这一案例，各类非遗项目数据资源的有效采集与合理开源，将大大拓展非遗活化利用、支撑当代艺术创新的可能性。

生成式人工智能（GAI）在非遗普及传播、文化展示、公众教育等领域的应用前景也十分广阔。相关文本撰写、图片设计、音频编辑、视频剪辑等工作可以逐步由人工智能相关应用承担。比如华中科技大学建筑与城市规划学院已经开始在永乐宫数字化展示中心设计中引入AIGC（Artificial Intelligence Generated Content，人工智能生成内容），利用Midjourney进行实验性设计共创与出图，在计算机辅助设计（CAD）和三维建模软件等辅助下实现了展示设计的提速。

此外，借助智能推送算法，非遗传承人、非遗传播内容生产者精准触达潜在用户的可能性将有所提高，还可借助AI生成更多个性化内容及服务，激发更多用户参与非遗实践的兴趣，扩大非遗"朋友圈"。

人工智能给非遗传承带来的潜在风险需要警惕

联合国教科文组织在其发布的《人工智能伦理问题建议书》中明确提出：人工智能可能对人类文化多样性和多元化产生负面影响，需要就AI对社会、文化等的影响开展持续评估，在发展人工智能技术的同时铭记保护文化多样性、保护文化遗产的重要性。

人工智能时代，非物质文化遗产相关知识产权争议将会进一步复杂化,例如传统戏剧、曲艺类非遗传承人的声音权可能受到侵害。2023年12月,北京互联网法院公开审理了全国首例AI声音侵权案。原告以配音为职业,其声音被"AI化"后商用。该案涉及使用AI声音产品是否获得当事人合法授权、是否侵犯人格权中的声音权等问题。

生成式人工智能在为传统美术、传统技艺类非遗提供设计便利的同时,也会对手工制作产品造成冲击。例如,某AI绘图工具大量生成木雕、刺绣、剪纸等传统工艺样式的图案,这些AI生成图样与精密机械控制相衔接即可快速投产。机械生产的产品在生产效率、制作成本、销售价格等方面占据优势,这可能对手工制作产品的市场造成进一步冲击,烦琐而精湛的手工技艺失传的风险也将增大。

AI生成图样是一把"双刃剑"。经调研,目前已有AI驱动的设计平台开始基于特定非遗项目的数字内容训练模型。比如,某平台开源了许多中国传统文化类模型,并计划建构中国非遗艺术大模型。目前,该平台已开发十余个非遗相关模型,如珐琅彩、苏绣、瓷板画模型等。这些模型能为对应的非遗项目传承人群提供大量作品和产品图样,但长期使用过程中,使用者可能会在艺术创作环节过度依赖生成模型,导致创作积极性受挫,长此以往,非遗技艺将逐渐失去自发创新的动力。

如何应对可能的风险?第一,迫切需要就AI在工艺美术行业、文化创意产业等相关领域的应用现状进行综合研判,预估其对相关非遗项目传承可能产生的潜在风险,加快文化行业AI应用相关法律政策的出台;第二,倡导各学科参与共治AI实践及应用,促进包括保护文化多样性在内的人文伦理观念融入相关智能产品研发之中;第三,还需要提升传承人群媒体与信息素养,帮助更多人有效利用数智工具,使其具备相应的能力应对AI大范围应用可能带来的冲击。

人工智能相关技术更迭速度惊人,应用场景庞杂,因此,我们亟须站序言：人工智能会给非遗传承带来什么？

在维护全人类福祉的高度，从多视角对技术发展及应用展开伦理审视。在人工智能时代，为保护文化多样性，维系和发挥非物质文化遗产的多元价值，我们需要提前认知、主动应对。积极运用 AI 等新兴技术，有序推动非物质文化遗产保护向数字化、智能化转型。

2025 年 2 月

目 录

第一章　非遗数字化简史　｜ 001

第一节　非遗数字化的发展进阶　｜ 002

第二节　非遗数字化的意义更新　｜ 004

第三节　非遗数字化的趋势分析　｜ 008

第二章　非遗的网络化虚拟化传承　｜ 014

第一节　非遗传承：从地缘社区到网络虚拟社区　｜ 015

第二节　非遗在网络虚拟社区传承的学理基础　｜ 018

第三节　非遗虚拟化传承实践的四个维度　｜ 021

第三章　AI应用于非遗的立档保存及数据利用　｜ 030

第一节　非遗的数字化记录　｜ 031

第二节　非遗的数字化保存与系统化管理　｜ 033

第三节　非遗数据资源的共享利用　｜ 035

案　例　"河南非遗一张图"——AI参与非遗数字化管理与利用　｜ 037

第四章　AI 促进非遗研究的深化与拓展　| 045

　　第一节　术语体系建构应用基础　| 045

　　第二节　知识图谱及数据可视化　| 048

　　第三节　促进非遗跨学科应用研究　| 049

　　案　例　"人类与人工智能共舞"——AI 解构与创排传统舞蹈　| 052

第五章　AI 在非遗传播与教育中的应用前景　| 057

　　第一节　非遗传播及教育内容生成　| 058

　　第二节　算法放大非遗线上可见度　| 061

　　第三节　AI 应用于非遗的展览展示　| 063

　　第四节　AI 应用于非遗的教育活动　| 065

　　案例一　丝缕间，新生现——"苏州漳缎AI 创作模型"共创　| 067

　　案例二　AI+二次元赋能传统戏剧——AI 重绘黄梅戏　| 074

　　案例三　AI 扩散中式美学——奇域AI 生成皮影戏绘画风格　| 080

　　案例四　傩文化+AI——傩戏焕新的利与弊　| 089

第六章　AI 在非遗活态传承中的应用潜力与风险　| 095

　　第一节　AI 可承担大量辅助传承的工种　| 096

　　第二节　AI 生成对非遗传承秩序的影响　| 099

　　第三节　AI 在非遗虚拟化传承中的应用　| 102

　　案例一　让千年苏绣活起来——借助AI 绘画创造苏绣图样　| 104

　　案例二　AI 织影，蜀绣蜀锦焕新颜——蜀菁文化的AI 新锦绣　| 112

　　案例三　AIGC 助力徽州砖雕的创新传承　| 120

　　案例四　紫砂壶+AI，"匠心智韵"的跨界合作　| 124

第七章 AI 助推非遗的"两创"振兴 | 129

第一节 AI 辅助非遗实现价值拓展与转化 | 130

第二节 AI 助推非遗要素再造及扩展应用 | 131

第三节 AI 助力非遗在虚拟社区的数字孪生 | 138

案例一 "乘云"出山:贵州丹寨蜡染 AI 数字人直播 | 139

案例二 云茗智匠——制茶技艺传承人 AI 数字人电商直播 | 147

案例三 《漫歌行——AI 叙事音乐会》,AI 与评弹的碰撞 | 157

第八章 总结与展望 | 164

后 记 | 166

第一章　非遗数字化简史

人工智能、虚拟现实、云计算等新兴技术正在改变信息与知识传播的方式，渗透影响着当代人的生活与思维方式，也将对人类文明的走向产生密切影响。作为人类过往文明产物之一的非物质文化遗产，在当代面临挑战与机遇并存的复杂局面，需要应对生存环境和价值观念的巨变，同时也与人类对于文化多样性认识的觉醒以及文化遗产保护能力的提升不期而遇。因而，研究者与决策者应以积极、超前的态度看待技术革新背景下非遗保护与传承的各类创新实践，尤其是非遗的知识普及、文化展示、社会教育等传播行为，更应鼓励与新兴技术手段、传播渠道、消费业态相结合，探索非遗在当代传播尤其是数字化传播中潜在的巨大价值。本章通过对非遗数字化传播发展历史与现状的梳理、对未来演进方向的展望，提出了非遗数字化传播"视频化与体验感"、"要素开源化与数字化潜能"及"数字化生存与虚拟社区传承"等三方面的趋势。

在信息传播技术飞速发展的当下，持续数字化对教育、文化等行业的潜在影响将会越来越大，发挥其建设性潜能是当前遗产保护的核心议题。非物质文化遗产在当代与未来的可持续实践应充分运用各类数字传播平台特性和潜在功能，借助数字形态将遗产生命力维系推进到一个新的阶段。

第一节　非遗数字化的发展进阶

保存、宣传与弘扬是联合国教科文组织《保护非物质文化遗产公约》中明确的非物质文化遗产保护措施。[①]在《中华人民共和国非物质文化遗产法》第三条中也有相关表述，保存是基础性保护措施，适用于所有非物质文化遗产；在基础措施之上，以各类价值标准为依据实施传承、传播等措施予以保护。[②]在国际公约与我国法律之下，近年来的多个政策文件也在不断丰富相关内容。如在《关于实施中华优秀传统文化传承发展工程的意见》中，明确提及要实施戏曲振兴工程，推进数字化保存和传播；要实施网络文艺创作传播计划，推动网络文学、网络音乐、网络剧、微电影等传承中华优秀传统文化；要实施中华文化新媒体传播工程等。[③]又如在《关于进一步加强非物质文化遗产保护工作的意见》中，也提到要加大非物质文化遗产传播普及力度，促进广泛传播……鼓励各类新媒体平台做好相关传播工作。[④]现阶段，国际国内政策层面已然明确：传播是达成非遗保护

[①] 保护非物质文化遗产公约[EB/OL].（2003-10-17）[2023-03-01]. https://www.un.org/zh/documents/treaty/ich.

[②] 中华人民共和国非物质文化遗产法[EB/OL].（2011-02-25）[2023-03-01]. http://www.gov.cn/flfg/2011-02/25/content_1857449.htm.

[③] 中共中央办公厅 国务院办公厅印发《关于实施中华优秀传统文化传承发展工程的意见》[EB/OL].（2017-01-25）[2023-03-01]. http://www.gov.cn/zhengce/2017-01/25/content_5163472.htm.

[④] 中共中央办公厅 国务院办公厅印发《关于进一步加强非物质文化遗产保护工作的意见》[EB/OL].（2021-08-12）[2023-03-01]. http://www.gov.cn/zhengce/2021-08/12/content_5630974.htm.

第一章 非遗数字化简史

目的的重要环节①，而数字化、网络、新媒体等越来越成为非遗传播的核心途径（见图1-1）。从现实层面来讲，21世纪，当人类的部分社会生活向网络虚拟世界迁移时，非遗作为一种人类文明产物也随之在虚拟环境中自发出现。

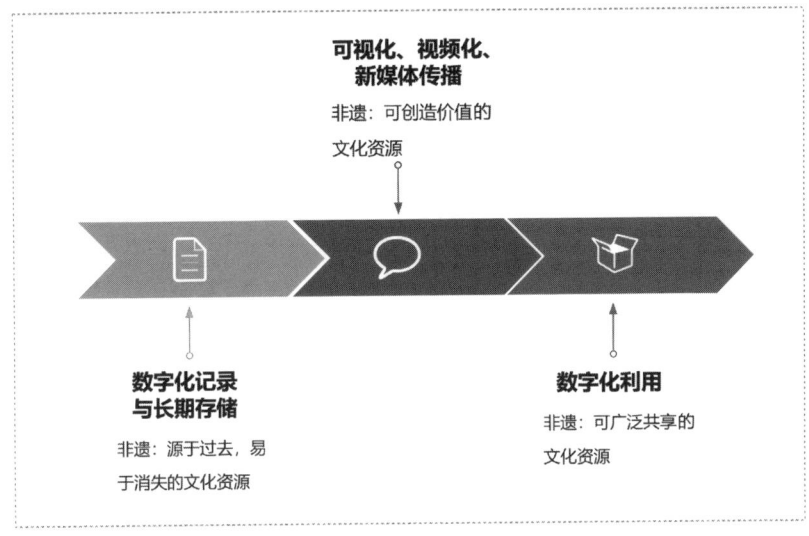

图1-1 非遗数字化三阶段图示

最初，人们将非遗视为一种源于过去、易于消失的文化资源，着眼于运用图像及音视频工具实现数字化记录与长期存储，然而保存措施对于非遗保护的作用与意义相对有限，与非遗的活态存续特征、参与性实践属性也并不相符。

其后，遗产持有者及相关机构与个人开始将非遗视为可创造价值的文化资源，着眼于通过可视化、视频化、新媒体传播获取价值认同，通过网络营销获取收益、改善生计。尤其是在新冠疫情发生之后，我国出现了非

---

① 杨红.目的·方式·方向：中国非遗保护的当代传播实践［J］.文化遗产，2019（6）：21-26.

遗"触网"井喷期。部分新媒体平台公布的专项数据表明：新媒体传播与营销为部分非遗门类及项目生命力的维系提供了不同程度的外源动力，帮助其实现了传播与营销渠道的线上化与多样化。

当前，非遗数字化传播主体和客体愈加多元化、内容愈加开源化，更多机构及个人将非遗视为可广泛共享的文化资源，可满足当代人求知、治愈、身份认同及自我实现等多元需求，数字化利用开始为非遗在当代的振兴提供意想不到的内源动力。

第二节 非遗数字化的意义更新

一、从数字保存到数字传播

非遗作为一类无形且活态的文化资源，天然依赖于有形化、视音频化实现保存记录。[①]总体而言，文化遗产的数字化保存可改善人类记忆。以文献、文物、建筑、遗址、非遗等为对象的相关数字化保存实践已在国内外广泛开展，较之物质文化遗产，非遗的数字化保存开端相对较晚。非遗数字资源开放利用也是一个渐进的过程。在初始阶段，主要呈现为相关机构搭建综合性或单一门类、单个非遗项目的数据库用于保存数字资源，并就服务对象、资源内容等有选择地提供检索、浏览，开展专题式的内容传播，数字资源处于有限开放利用阶段。当前也许无法想象，以非遗为对象的数字化记录在十多年前只是一个资源保存行为，仅向极少数人开放且利用目的仅限管理与研究。

随着信息传播技术的迭代更新，网络公共空间属性和商业空间属性的

---

① 杨红.非物质文化遗产数字化研究［M］.北京：社会科学文献出版社，2014.

新媒体平台为非遗提供了变革性的传播场景。非遗数字化的重心从以保存为目的的数字化记录转变为以传播为目的的数字化创作。非遗数字化的载体已从资源数据库、数字博物馆等机构平台转向社交、短视频等新媒体平台。在温雯和赵梦笛共同撰写的《中国非物质文化遗产的数字化场景与构建路径》一文中做了详细的文献综述，并将这一过程概括为从"入库"到"上线"再到"在场"。[①]因而，当前这种基于新媒体平台实现非遗相关表现形式及知识的传播行为已成为非遗数字化传播的主要形式，这种传播方式区别于以往的组织传播、大众传播，具有网络社交传播"互动实时化""分发民主化""传受一体化"等特征。[②]

从数字保存到数字传播，这种重心的转变也源于业内外对非遗传播认识的提升。从我国非遗保护事业开端之时起，尤其是近五年来，借助大众传播与国民教育，实现了非遗价值的认知及保护意识的广泛普及；利用展览、展馆、节会等实体展示场所及网上虚拟展览展播空间，实现了非遗的感官体验与文化展示的便捷触达[③]；传播还给予了非遗持有者及所在社区更为充分的表达权利；非遗资源的可见、可及与共享，逐渐开始促成更多非遗项目在社会创新创造中的要素输出，以及非遗当代价值与社会功能的拓展与转化。传播在非遗保护中的重要性不断提升，非遗保护事业也愈加得到社会的广泛关注与支持。

二、从专业领域到大众领域

数字技术首先在专业领域发挥作用，其对资源保存、文献研究、保护管理等工作的显著作用，从不同角度对非物质文化遗产保护给予了数字增

---

① 温雯，赵梦笛.中国非物质文化遗产的数字化场景与构建路径［J］.理论月刊，2022（10）：89-99.
② 杨红.非物质文化遗产展示与传播前沿［M］.北京：清华大学出版社，2017.
③ 杨红.非物质文化遗产：从传承到传播［M］.北京：清华大学出版社，2019.

强。随后，数字技术从用于非遗的被动保护转向用于非遗的主动发展，局面发生了改变。非遗作为传统文化事象及艺术表现形式，具有在地性、在场性、丰富性、动态性、多感官性等特征，有些门类非遗还具有生活化、艺术化、奇观化等特征，因而在以图文、视频、在线社交为核心的新媒体平台快速发展的风口期，非遗就自发地从专业领域走向了大众视域，成为各平台文化艺术细分领域的重要内容资源。尤其是传统手工艺，传统戏剧、曲艺等表演艺术类非遗以短视频、直播等方式"出圈"。同时，传播主体也由遗产持有者、遗产保护者迅速扩展到了遗产所在社区居民、自媒体创作者等更大范围的社会公众。

非遗自发融入新媒体过程中，新媒体平台也逐渐开始发掘这一优质内容板块；国内各主要新媒体平台又将鼓励非遗短视频创作与传播作为体现弘扬中华优秀传统文化这一社会责任的重要表现，均推出了非遗新媒体传播相关扶持政策。比如，快手、抖音于2019年陆续推出"非遗带头人计划"①"非遗合伙人计划"②；微信视频号在2020年初"内测期"即开辟专门通道邀请非遗传承人入驻，并于2020年末正式启动"非遗薪火计划"③。与此同时，新冠疫情也加速了非遗"触网"。疫情初期，大批非遗传承人及相关企业开始依靠互联网寻求生计，通过短视频、直播等方式实现非遗技艺展示和手工产品销售，在融入经济社会复苏洪流的同时，也展现了非遗数字化传播的必要性和重要性。比如2020年4月，针对非遗从业者普遍存在新媒体素养缺乏、平台利用能力弱等实际困难，在文化和旅游部非物质

---

① 250亿次播放，5亿次点赞，让传统非遗文化在快手活起来！［EB/OL］．（2019-03-27）［2025-04-17］．https://mp.weixin.qq.com/s/kMtbHSm7PC6wlZFMwsc--g.

② 抖音推出"非遗合伙人"计划 助力传承人实现百万收入［EB/OL］．（2019-04-17）［2023-03-01］．https://www.chinanews.com.cn/business/2019/04-17/8811453.shtml.

③ 我校与腾讯微信联合主办非遗数字化传播论坛［EB/OL］．（2020-11-12）［2023-03-01］．https://www.cuc.edu.cn/2020/1111/c1382a175538/page.htm.

文化遗产司的业务指导下，中国传媒大学非遗传播研究中心组织开展了为期三天的"非遗新媒体传播在线培训班"，18904名非遗传承人和非遗保护工作者观看培训直播和录播。数据背后是非遗传承人当时对新媒体传播的迫切现实需求。

三、从"传播促传承"到数字化生存

近年来，非遗大规模数字化、网络化传播的背后有其经济社会效益驱动，从互联网营销到短视频电商，其主体是非遗相关商品贸易的大规模线上化。同时也伴随着非遗相关消费模式的转型，从售卖非遗实体产品到推广非遗体验产品（半成品、材料包、体验教程、研学课程等），部分传统手工艺等门类非遗项目开始从物质消费形态中萌生新的产品与服务模式，产生了传递更多精神价值与文化意义的纯精神消费，而"数字化"在其中扮演了至关重要的环节。数字化直接或辅助实现了将非遗的无形性、活态性、实践性特征输出为文化消费类、艺术教育类体验产品，既实现了经济收益反哺保护，又拓宽了社会公众的参与度与参与面，也开辟了一条同样可维系非遗生命力的数字化生存路径。

探究其内在逻辑，非遗作为一类文化资源，虽然必须与某些特定的物质载体相结合，但因其具有精神性、可衍生性等基本特征，天然具有通过创新、转化、衍生谋求赓续传承、持续发展的潜力。当代，人们将文化资源的精神内容与物质载体、文化内核与表现技艺适度分离，继而创造兼具文化继承性与创新性的艺术作品、文化产品。具体包括：从非遗项目中提取精神内容，作为再创作的要素予以合法授权使用；或从非遗项目的有形化、代表性作品中提取素材，结合当代艺术创作手法进行素材再造；或输出与非遗项目相关的工艺技艺，用于创作当代艺术作品或制造现代产品，以上都隶属于广义的非遗传播范畴。例如，藏族编织、挑花刺绣工艺国家级代表性传承人杨华珍在传统的基础上再度创作，并通过艺术授权获得了远高于手艺代工的收益。而数字化手段在其中扮演起了越来越重要的角色，非遗资源数字化后实现了不受时空限制的触达，资源要素以更为多感官、多层次的形态，更为便捷化、多元化的方式被利用及转化，继而通过产品设计、动漫创作、网游开发等现代创意产业实现了价值链的衍生，为非遗在当代的存续与发展提供了更多可能性。例如，近年来，大量网络游戏将非遗元素融入美学、故事、机制等游戏维度中，这在一定程度上改善了网游架空的虚幻感，非遗也借助网游在数字世界遨游、融合、生变，探索着看似不可能的可能。

第三节 非遗数字化的趋势分析

一、视频化与体验感

在非遗的数字化保存、数字化传播及营销阶段，可视化、视频化是核心步骤。尤其进入移动互联网时代之后，手机端浏览短视频与图文成为最普遍的非遗传播方式。根据中国互联网络信息中心（CNNIC）发布的第50次《中国互联网络发展状况统计报告》，截至2022年6月，我国短视频用户规模达9.62亿，占网民整体的91.5%，并呈持续增长趋势。[1] 面对如此巨大的用户规模，各短视频平台均在深耕内容资源、拓展用户圈层，非遗作为中华优秀传统文化的重要组成部分，成为各平台青睐的优质垂类资源。此外，在微纪录片、视频博客等内容驱动型中短视频加入网络视频行业赛

---

[1] CNNIC 发布第 50 次《中国互联网络发展状况统计报告》[R/OL].（2022-08-31）[2023-01-17］. http://www.cnnic.net.cn/n4/2022/0916/c38-10594.html.

道后，非遗内容因贴合艺术普及、文化传承等优质内容方向，传统手作、国风华服等越来越多非遗相关细分领域的内容生态也已逐渐形成。

与此同时，各类非遗传播形态中的体验感逐渐成为业内外的关注热点，并逐渐由附属、特色板块发展为独立成形的活动、场所、产品。非遗体验以文化消费场所、文化娱乐产品、艺术教育产品、研学旅游产品等形式出现时，非遗原有社会功能得到了拓展，甚至同步产生了文化娱乐、休闲旅游、艺术教育等新生消费业态。[①]值得一提的是，由非遗体验产品及场所培植产生了新的非遗趣缘圈层，促进了以非遗体验者为主体的兴趣传承，这是对非遗传承认知的更新与有益的泛化。其中，非遗体验产品与服务又可分为线下体验与线上数字虚拟体验两大类，其中数字虚拟体验产品及其产业完全依赖于数字非遗资源，而线下体验也出现了越来越多的数字辅助手段，如多媒体体验教程等。

在非遗传播的视频化、体验化趋势之下，随之而来的是全民参与实践，一方面，遗产持有者及其社区获得了便捷表达的渠道，这使得持有者和社区的外在知名度、内在认可度得到显著提升；另一方面，非遗相关传播内容的制作与分发更加民主，通过参与体验、参与传播实现参与非遗传承实践的人群迅速拓展，继而使得非遗传承主体与保护主体增加，来源也更加趋于多样化。

当然，仍旧需要警惕与非遗保护初衷相违背的不当传播行为，尤其是非遗短视频创作者对非遗本体的责任与义务需要被强调；需关注短视频传播非遗的舆论走向，警惕传播行为对遗产持有者及所在社区可能造成的各类风险。

---

① 杨红，张天慧，付茜.文化体验设计与营销[M].北京：清华大学出版社，2022.

二、要素开源化与数字化潜能

随着非遗数字化实践走向广泛与深入,数字资源共享利用将成为核心趋势。首先,数字化带来科学高效的索引和搜索工具,已建成的"中国非物质文化遗产数字博物馆"等平台为用户提供免费在线服务,国家级非遗代表性项目、传承人等基础信息可便捷访问,对遗产持有者、非遗从业者及普通公众的信息辅助是普遍和稳定的,凸显了数字信息管理的重要性。其次,软硬件的更新使得数字化保存不断简化,数字资源的挖掘、分享、交互也更为便捷,非遗的可及性大大提高,越来越多的当代人接触、认知非遗,继而将其融入自身艺术创作、内容生产、产品开发之中;且随着非遗越来越多地参与当代社会创新创造,更多非遗项目以精神内容或物质载体的要素形态被提取,适应当代需求继而融入当代实践。例如,网络游戏中引入非遗要素,使得游戏 IP 得到了深度开发;非遗依托数字游戏特有的艺术语言也实现了创造性诠释。这使得网游与非遗的结合既符合当下数字互动娱乐产业文化赋能的发展趋势,又延伸了非遗数字化传播的触角。但是,在现阶段,这种结合形式往往以美学呈现为主,网游应更深入非遗项目的文化内核,寻找适合游戏表达的着力点,同时注重非遗的真实性、完整性,追求高质量的数字化呈现,营造沉浸式的文化场景,从而实现中华传统文化的体验式感知、价值观传递。

需要注意的是,非遗数字资源并非都是公共数字资源,存在权益保障问题。① 实际上,许多非遗项目存在着遗产持有者间以及所在社区内的认知差异、利益分配、同业竞争等问题,当其以要素形态投入再创作再生产时,权益保障、真实性等问题变得更加难以把控。其次,在数字技术支持

---

① SEVERO M, SÉVERINE C. Patrimoine culturel immatériel et numérique:transmission, participation, enjeux [M]. Parise:L'Harmattan, 2016.

下，基于互联网建构非遗动态知识体系变得易于实现。比如，文化资源公共交易平台、公共服务平台等可有效辅助传统美术图样、传统工艺技法等非遗要素的版权保护、授权使用，促进非遗资源的有序开放、可控开源，也使得遗产持有者及相关社区更有效、更具包容性地参与遗产再生。

当前，社会各行业都在数字化转型，处于持续数字化进程中，除了上文提及的资源可及、开放，人工智能等先进信息传播技术对于非遗在当代与未来的存续与发展，其影响与潜能都是巨大的。社会学家提出的"科林格里奇困境"[1]在非遗这一细分领域同样适用，并已然在现阶段显现：遗产持有者数字化传播能力的差异，导致所传承非遗项目存续能力的差距开始扩大；传统手工艺、传统表演艺术等非遗门类与商品性贸易、服务性消费息息相关，而数字技术正在对产品与服务的价值链引发颠覆性影响。因而，认识数字化传播潜能，在非遗传承人群中快速普及数字化应用技能变得刻不容缓。

三、数字化生存于虚拟社区传承

通过数字化记录、保存，越来越多的非遗项目在数字虚拟世界实现了同步备份，这使得在线形式的文化展示不断普及；而技术更新又使得线上展示对遗产的还原度、沉浸感、交互性不断提升。而以上步骤隶属于数字化保存与传播范畴，还未触及非遗本体在当代及未来的存续与发展。有学者提出，文化资源数字化能够将有形或无形的文化遗产、文化遗迹、工艺品、博物馆藏品等资源无缝迁移到虚拟世界。[2]本书认为，资源迁移对于非遗并不完全适用，应是一种数字孪生的行为，即对现实中的人类实践行

---

[1] COLLINGRIDGE D. The social control of technology [M]. Milton keynes, UK: Open University Press, 1980.

[2] 刘少杰. 从集体表象到数字表象：论元宇宙热潮的演化逻辑与扩展根据 [J]. 河北学刊，2022，42（4）：162-168.

为进行同步备份。

基于此，本节试图对非遗的数字化生存予以展望：非遗的数字化生存旨在充分利用新兴信息传播技术，通过融入基于互联网的新型经济业态及社会文化形态谋求新的生存动力，并在数字虚拟世界中探索更为前沿的存续路径。首先，数字化生存区别于非遗商品贸易、表演服务等传统生计渠道，旨在扩大非遗传承与发展的外源动力，具体包括：借助数字形态与虚拟空间拓展遗产持有者个人价值实现途径、遗产所在社区社会经济效益获取渠道等；同时也在扩大非遗传承与发展的内源动力，例如利用网络社区扩大非遗趣缘人群，增加保护与传承的潜在力量等。其次，数字化生存不能对非遗的人际传承、活态实践等属性造成损失，并可促进与反哺线下社区传承实践。最后，非遗的数字化生存将为数字原生文化提供素材资源与创作动力，为网络虚拟社会文化的建构提供精神架构、知识体系、审美风范等多方面参考，在标榜打破传统的当代艺术、潮流文化中隐匿地发挥人类记忆、文化惯习等传统事象的独特价值。

毋庸置疑，数字虚拟世界与现实世界在政治、经济、文化、教育等各个方面都存在着直接或间接的关联性。因而，要尝试思考非遗在虚拟世界实现社区传承的可能性与可行性。在现实世界中，人们通过建构特定的文化空间（通常是某个地理空间、场所，也可能是周期性的节事时空）来维系、共享遗产实践的社会维度，遗产持有者、参与者在该空间中实现其意义与功能，并开展传习、协商等相关实践。那么，在虚拟世界中是否也可建构类似功能的虚拟文化空间，借助数字工具、社交媒体等实现部分实践内容，而又不受时空限制，为所在社区提供更多普及认知、交流协商等机会。

本章简要回顾了21世纪以来非物质文化遗产通过数字化手段实现保存、传播及利用的演进过程，信息传播技术迭代更新的加速是非遗数字化传播意义快速更新的核心诱因。对这一过程的客观反思，可以得出如下结论：其一，非遗项目的活态存续仍旧是非遗保护的首要目的，通过数字化手段进行抢救性保存有利于传承实践的恢复、文化资源的留存、人类记忆的延续；其二，经济效益驱动为主的数字化营销对商品属性的非遗项目具有直接的支持作用，遗产持有者及所在社区的新媒体素养差异快速拉大了非遗项目传承发展面貌的差距；其三，不应低估数字手段在非遗保护中的应用价值，数字手段绝不仅仅停留于资源保存、网络营销等辅助性功能，非遗的数字化生存与虚拟社区传承将成为未来非遗保护的方向性趋势。

第二章　非遗的网络化虚拟化传承

21世纪以来,人类社会生活向网络虚拟世界的迁移呈现一种势不可挡的趋势,互联网日益成为信息、知识乃至情感获取的重要渠道。数字虚拟形态的人类实践活动不断增加,有的与真实世界的实践形成互动和映射,有的则呈现逐步取代线下实践的态势;有的主要作为人类原有生活方式的线上延伸,有的则以网络原生的形态出现,却很快演变为集体惯习而具有了文化特征。这种趋势对人类社会文化的影响是变革性的、不可回避的,尤其对于以活态实践为主要特征的非物质文化遗产。一方面,非遗的活态传承很大程度上依赖于人类的具身实践,"传"与"习"通常是人与自然、人与人之间的互动过程,因而人类生活方式的线上迁移势必对非遗传承造成实质性威胁;另一方面,许多非遗项目已经自发嵌入网络虚拟世界,以数字虚拟形态实现可见和共享,还借助数字技术、网络应用实现了遗产部分价值的发挥,为其在当代及未来的存续、发展带来了诸多机遇。基于此,对非遗在网络虚拟世界中各类实践的关注与研究是极具意义的,也是迫切需要的。

以往,非遗数字化相关研究主要着眼于非遗通过数字化实现保存,借

第二章 非遗的网络化虚拟化传承

助网络化、虚拟化实现传播。本章则转向非遗通过数字化实现传承这一更高维度,从"社区参与"原则出发,关注非遗在网络虚拟社区开展的传承性实践,初步归纳非遗在网络社区、虚拟世界中谋求存续的路径。

第一节 非遗传承:从地缘社区到网络虚拟社区

一、非遗保护的社区参与原则

社区参与是非物质文化遗产保护的核心原则。国际层面,在《保护非物质文化遗产公约》(简称《公约》)第15条中明确提出:"缔约国在开展保护非物质文化遗产活动时,应努力确保创造、延续和传承这种遗产的社区、群体,有时是个人的最大限度的参加,并吸收他们积极地参与有关的管理。"[①]

在《保护非物质文化遗产伦理原则》中进一步提出:"相关社区、群体和个人在保护其所持有的非物质文化遗产过程中应发挥主要作用,对非物质文化遗产的价值评判应来自社区、群体或个人。"[②] 近年来,我国非遗保护也强化了"非遗在社区"的相关措施。中共中央办公厅、国务院办公厅于2021年印发的《关于进一步加强非物质文化遗产保护工作的意见》中提出:"加强新型城镇化建设中的非物质文化遗产保护,全面推进'非遗

---

① 保护非物质文化遗产公约[EB/OL].(2003-12-08)[2023-03-01]. https://www.ihchina.cn/zhengce_details/11668.

② 保护非物质文化遗产伦理原则[EB/OL].(2016-12-16)[2023-03-01]. https://www.ihchina.cn/zhengce_details/15769.

在社区'工作。"①综上，社区是非遗人本化、活态性传承的现实落点，社区参与是非遗区别于物质文化遗产的重要保护原则。

从《公约》到我国"非遗在社区"工作，"社区"的概念源自国际语境中的"Community"，而不是我国基层社会管理中的社区这一组织形态。《中华人民共和国非物质文化遗产法》使用了"群体"来指代《公约》中的"社区"一词。②综合相关研究，非遗保护语境中的"社区"可理解为因聚居形成地缘关系，其文化具有地域趋同性的人类群体。某项非遗所在的社区共享着该项非遗生发出的认同感和归属感，而这种情感联系又源于该群体对该非遗项目的自发性传承与持续性实践。

二、非遗所在地缘社区的线上延伸

然而，现代化、城镇化等引起的城乡人口迁移、居住格局变化等，加速了非遗所在社区的变化，非遗项目在现实世界中不同程度地"脱嵌"，而后又在主观或客观驱动之下重新"嵌入"的情况越来越常见。与此同时，移动互联网、大数据、云计算等技术建构的网络虚拟世界日趋完善、功能不断叠加，加速了人类生活的线上迁移，也进一步引发了城乡社会结构、个体社会关系的萎缩与重构。人类在网络虚拟世界聚集，原有地缘社区同步开始向线上延伸，社区群体开展实践活动的范围也从线下发展至线上，比如社区成员间的沟通协商是最早线上化的环节之一，部分群体性文化实践也开始网络化、虚拟化。从网络聊天群到自媒体账号，再到社区"元宇宙"，地缘社区向网络延伸形成的虚拟社区逐渐具备了参与、维系、反哺

---

① 中共中央办公厅 国务院办公厅印发《关于进一步加强非物质文化遗产保护工作的意见》的通知［EB/OL］.（2021-08-13）［2023-03-01］. https://www.ihchina.cn/zhengce_details/23400.

② 朱刚. 从"社会"到"社区"：走向开放的非物质文化遗产主体界定［J］. 民族艺术，2017（5）：42-49.

非遗等人类具身性文化实践的客观条件。

三、非遗自发"嵌入"网络原生虚拟社区

早期，网民在人群中的占比不高，网络空间的社会生态也相对松散，因而当时有将网民称为"网络游民"①一说。但伴随着相关信息技术的更迭、网络社会功能的拓展，人类群体大规模"网民化"，且逐渐基于网络聚合形成了陌生人社区、熟人社区、"半熟人"社区②等。莱茵戈德（H.Rheingold）从虚拟活动主体与活动特征两个角度出发，认为"虚拟社区是这样一群人构成的，他们可能见过面，也可能素未谋面，他们通过计算机和网络来交换文字和思想"③。

网络虚拟社区形成原因多元，发挥着趣缘交流、专业协作、文化生产等各类功能，且与线下社区具有相同的特征——社区成员具有某方面共通的价值认同，可维系社区的相对稳定性。有学者认为："数字虚拟社区依托数字技术和平台而产生，参与者在数字虚拟世界中组成的社区。由于数字技术实现了虚拟的社区聚合，虚拟社区当中滋生了新的社会互动、经济形态、自我认同、社会关系，也因之产生了新形式的组织、劳动和文化。"④这些网络原生的虚拟社区不断出现和壮大，非遗也开始"嵌入"这些新生网络虚拟社区，孕育出非遗实践的新场景。

非物质文化遗产依托于人类社会生活、社会生产与社会关系而存续。因而，许多传承历史悠久的非遗项目与农业社会群体关系的纽带——血

---

① 解思琪.网络族群：一个媒介社会学的概念[J].科技传播，2021，13（5）：88-90.
② 郭明.虚拟型熟人社会：一个新乡村社会形态[J].探索与争鸣，2022（2）：95-105，178-179.
③ 赵联飞.现代性与虚拟社区[M].北京：社会科学文献出版社，2012：1-2.
④ 张劼颖，李雪石.数字虚拟社区研究：学术脉络与关键议题[J].中国社会科学评价，2023（3）：32-44，158.

缘、地缘息息相关，另一些非遗项目则与工商业社会群体关系的纽带——业缘紧密相连。人类进入信息社会后，群体关系又势必发生变革，其中，趣缘成了新的重要群体关系纽带，由此主导并产生了大量网络原生虚拟社区，其中就包括一些与当代人精神需求、审美取向相吻合的非遗门类及项目为核心的网络虚拟社区。以某类或某个非遗项目为兴趣爱好的人们聚合形成相互交流、学习、协作、生产、交易等行为兼具的文化趣缘圈层。这些文化趣缘圈层是新生而充满活力的，是本文探讨非遗在网络虚拟社区传承的主要原因。

第二节 非遗在网络虚拟社区传承的学理基础

一、非遗的"数字化生存"

"数字化生存"这一概念于20世纪末在尼葛洛庞帝的同名著作中被提出[①]，此后在互联网经济等相关领域沿用至今。"生存"一词又与非遗保护中经常使用的"存续"一词相类似，因而本文将其引入，意为非遗以数字化形态谋求存续、维系生命力。在序言中，笔者认为非遗的数字化生存是指充分利用新兴信息传播技术，通过融入基于互联网的新型经济业态及社会文化形态谋求新的生存动力，并在数字虚拟世界中探索更为前沿的存续路径。[②] 非遗的数字化生存区别于传统意义上的非遗相关产品与服务贸易，在网络虚拟空间实施非遗产品与服务贸易、开发非遗本体相关数字产品及

---

① 尼葛洛庞帝.数字化生存[M].胡泳,范海燕,译.海口：海南出版社，1996：81.
② 杨红.非物质文化遗产数字化传播的意义更新与趋势分析[J].中国非物质文化遗产，2023（5）：102-107.

第二章　非遗的网络化虚拟化传承

数字衍生产品、输出非遗要素参与网络文化建构、开展非遗相关实践等，为非遗的具身活态传承、可持续发展提供外源动力，激发内生动力。

我们可以从三个方面理解数字化生存为非遗提供外源动力和内生动力：其一，互联网数字经济为一些非遗门类开辟了获得经济效益的全新渠道。比如非遗相关产品和服务贸易的线上化延伸，不仅扩大消费市场、增加收入来源，还推动了非遗产品消费模式的转型升级。其二，网络虚拟世界可拓展遗产持有者价值实现的路径。比如传统美术、传统技艺类非遗项目通过短视频或直播方式实现了实践过程的展示、技艺价值的传递；传统戏剧、舞蹈、曲艺等非遗项目通过网络直播的方式开辟出广阔的"第二舞台"，甚至帮助有些项目开辟出新的观众群体。其三，利用网络社区扩大非遗趣缘人群，增加保护与传承的潜在力量。非遗在原有地缘、业缘等关系网络内的传承离不开线上的辅助，更为重要的是，网络可极大拓展活态遗产的实践范围，体验者、欣赏者、志愿者、爱好者等的吸纳对非遗传承和保护至关重要，尤其是在原有的家庭、师徒传承机制受到威胁的当代，兴趣传承正在成为主流的传承动因。

与此同时，非遗的数字化生存也可反哺网络社会文化治理、数字经济健康发展。非遗可为数字原生文化提供素材资源与创作动力，还可为虚拟社区文化建设提供精神架构、知识体系以及审美风范等。[①] 比如数字技术可为非遗项目最核心的精神内容、文化价值提供新的载体和媒介，创造或转化为当代数字文化产品，以非遗在线课程、非遗数字演艺等形式开辟当代传承场景、渠道。又如，促进非遗所包含的人类记忆、文化惯习、生活智慧等"嵌入"相应的网络虚拟社区，可帮助建构网络社区文化的价值体系，丰富其知识体系，为网络新生代群体增加认同感和归属感。

---

① 杨红.非物质文化遗产数字化传播的意义更新与趋势分析［J］.中国非物质文化遗产，2023（5）：102-107.

不可忽视的是，当前非遗的数字化生存仍旧面临着诸多挑战与风险。非遗要素在转化利用中被随意拼贴与剪辑，造成碎片化和去语境化，继而引发对非遗的曲解与误读；一些网络虚拟社区存在过度娱乐化导向，会对文化传承、文化再生产造成直接的负面影响，在一定程度上消解非遗本身的精神文化内涵。

二、非遗在网络虚拟社区可开展传承性实践

非遗的人本性、活态性等特征，决定了保护非遗就需要促进其在所在社区、群体中延续价值、保持日常实践、维系代际传承。我国开展的"非遗在社区""文化生态保护区"等举措都是基于现实世界的地缘关系促进非遗的在地化实践；有些非遗项目从业群体较为庞大，具有较为完备的行业属性，相关行业协会等社会组织基于业缘关系发挥着重要的维系作用。而基于趣缘关系的非遗传承实践在当代越来越常见，维系这类关系的方式和载体则更为多元、复杂。比如我国建构的"非物质文化遗产馆""非遗传承体验设施"，开展的"非遗进校园""非遗与旅游深度融合"等措施更多着眼于促进趣缘关系的形成和维系，载体是实体空间、线下活动；近年来，随着线上方式、网络虚拟空间的促进举措开始出现，尤其是疫情之后，"非遗新媒体传播"写入《"十四五"非物质文化遗产保护规划》，相关主管部门组织开展了"云游非遗影像展""视频直播家乡年"等线上活动，"非遗购物节"也主要采用线上、线下联动的方式，以网络化、数字化方式促进当代人建立与更多非遗项目的趣缘关系。

数字虚拟世界与现实世界在政治、经济、文化、教育等各个方面都存在着直接或间接的关联性。[1] 在现实世界，人们千百年来都在借助特

---

[1] 杨红.非物质文化遗产数字化传播的意义更新与趋势分析［J］.中国非物质文化遗产，2023（5）：102-107.

定的"文化空间"维系、共享遗产实践的社会维度，遗产持有者、参与者在相对固定的地点或相对稳定的时间周期中实现这些文化实践的意义与功能；而在当代，人们开始借助网络社交媒体、数字工具等实现协商、传习等部分实践内容，不受时空限制地为所在社区提供信息交流、知识传递、共识达成、情感交互的机会。非遗在现实世界的文化意义与影响力映射到网络虚拟世界，而虚拟世界又在隔屏影响着当代人的观念与行为，构成了非遗传承动态体系、社区参与实践范畴的重要组成部分。

需要强调的是，其一，具身性是非遗传承性实践的重要特点，重视网络虚拟社区中的非遗实践、发挥其可实现的一些传承功能，并不表示虚拟实践可以替代线下亲身实践，而是强调其对非遗传承的辅助、反哺作用及其在未来的无限潜力；其二，当前，非遗在网络虚拟社区存在着较大的权益保障问题，比如非遗项目持有者受技术壁垒、认知差异等影响，在非遗数据资源保护利用、利益分配等方面处于弱势角色。

第三节 非遗虚拟化传承实践的四个维度

回顾非遗数字化实践的拓展历程，首先是从非遗的数字化保存到数字化传播，动因是非遗的传播需求与互联网的媒介属性相互契合；然后是从非遗的数字化传播到数字化生存，动因是非遗对潜在传承人群及兴趣人群的需求与人类日益丰富而活跃的虚拟化实践相互契合。基于此，本节对已开始萌芽的非遗虚拟化实践相关案例从以下四个维度予以梳理：其一，非遗相关产品与服务贸易的虚拟化转向，非遗产品营销与消费的渠道、非遗表演实践的场景从线下延伸至线上，并形成了一些新的传承动力来源。其二，非遗项目的实践成果、实践过程以数字文化产品、数字体验产品的形态融入当代生活。其三，非遗作为文化资源、文化要素在网络虚拟世界中实现输出与植入，成为虚拟人物、场景、内容生产等的内涵及表征的来源。其四，非遗的过程性实践在网络中以虚拟化实践的方式呈现，基于网络建构的虚拟社区也在非遗活态传承中发挥越来越重要的作用。下面将从非遗贸易虚拟化、非遗产品虚拟化、非遗要素虚拟化、非遗实践虚拟化四个维度予以具体分析：

一、非遗贸易虚拟化

近年来，与非物质文化遗产相关的产品和服务贸易的虚拟化转型，为相关门类非遗传承提供了新的动力来源。如果将这些门类非遗项目传承所需要素进行分解，包括非遗传承主体、非遗生产性实践活动、非遗相关产品与服务、非遗生产性实践空间、非遗相关贸易实践空间等，其中，生产性实践和贸易实践空间过去呈现"一体化""前店后厂"等样式，近年来则呈现贸易实践空间线上化的趋势，且生产性实践也开始以网络直播等方式同步媒介化，辅助网络电子商贸的开展。

其一，传统手工艺等非遗产品的营销及消费渠道线上化。首先，是产品营销的线上化，非遗贸易实践活动以网店交易、视频展示、社群运营等方式开展，形成了与传统贸易实践方式完全不同的营销模式。非遗传承人群及相关从业者在营销线上化这一趋势下正在经历转型期，网络素养、网络运用能力的差异，正在拉大相关非遗项目传承发展状况的差距。这一过程也催生了新的职业，定位于非遗产品网络营销的MCN服务机构应运而生，如"奇人匠心"以短视频、直播等方式跨多个新媒体电商平台营销非遗传承人的产品，并试图将非遗传承人IP化，促进其产品的网络销售业绩。其次，是产品消费渠道的线上化，即消费人群打破了地域限制,购买行为及其动机发生了改变。短视频、直播等视听驱动,社交平台图文种草驱动之下,非遗产品及服务的消费以实时网购、本地引流至线下场景等方式开展,孕育了新的消费人群,并通过网络社群运营等方式实现粉丝积累(见图2-1)。

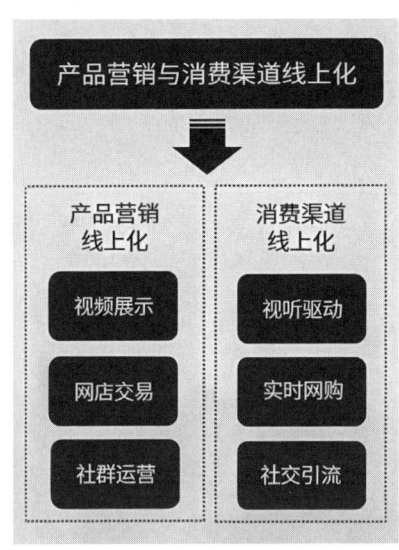

图2-1　产品营销与消费渠道线上化图示

其二,传统表演艺术等非遗的展演舞台、服务场景的网络化。新冠疫情加速了表演性非遗实践嵌入网络空间,借助短视频、直播等网络视频形态开展虚拟化展示。非遗表演舞台的网络化在一定程度上降低了传承人群触达观众的经济成本,也使得这类非遗实践呈现隔屏表演、碎片传播、高频互动等新特点。与此同时,传承人群通过表演获得经济收益的方式也发生了巨变。基于各类网络平台的属性和功能,粉丝打赏、流量变现等收益来源变得多样化,这些收益能够反哺和促进线下的传习实践。此外,表演类实践借助网络实现了时空无界,这也使得部分传承人群获得了新的观众群体,并开始转化为兴趣人群、志愿者和潜在传承人群。如2022年4月,抖音平台发起"DOU有好戏"扶持计划，为传统戏剧、曲艺等非遗门类打造"第二剧场"，其付费演出、直播间票友专属礼物、多机位视角切换等功能可助推传统戏曲等门类借助网络实现演出的可持续，通过直播等收益反哺线下传承（见图2-2）。

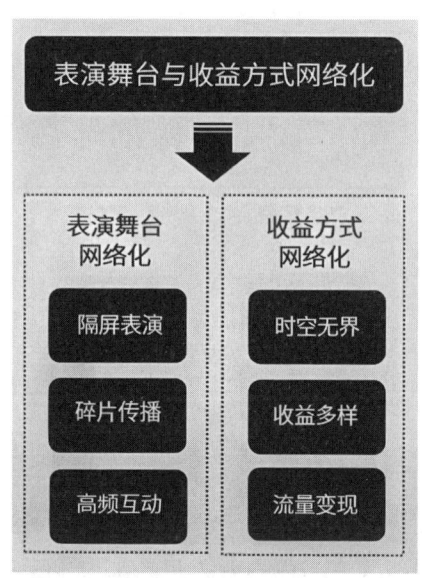

图2-2　表演舞台与收益方式网络化图示

二、非遗产品虚拟化

非遗相关产品，过去主要是部分非遗门类通过生产性实践产出实体产品，而近年来，非遗相关虚拟产品以数字文化产品、数字教育产品等现代产品形态出现。如传统表演实践过程经过数字化生成网络视听产品，传统手工艺以"数字教程+材料包"的DIY体验产品形态实现实践过程的产品化。按照数字产品与非遗项目关联的紧密程度，可分为非遗本体相关数字产品和非遗跨界衍生数字产品两大类（见图2-3）。

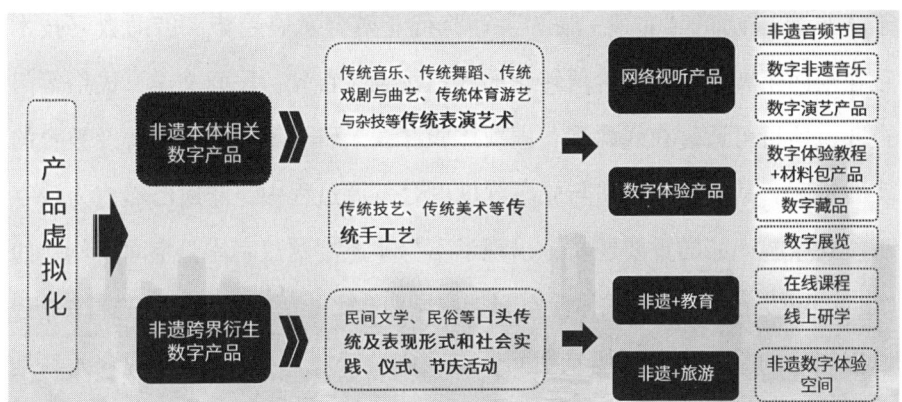

图2-3 非遗产品虚拟化图示

其一,非遗本体相关数字产品,即以非遗项目本体为数字产品的核心内容,通过数字化技术生成数字虚拟形态的现代产品。首先,传统音乐、传统舞蹈、传统戏剧与曲艺等传统表演艺术的实践过程都可借助数字技术转化为网络视听产品。非遗音频节目、数字非遗音乐、数字演艺产品等,使得非遗得以嵌入人们的网络文艺生活。比如蒙古族曲艺乌力格尔、好来宝等非遗音乐作品在腾讯音乐上线。据相关媒体报道,腾讯音乐一次性采购了经过版权认证的曲艺作品100件,平均每件作品给艺人约600元,后续还将通过数字专辑、点播等形式实现二次销售收入分成。其次,传统技艺、传统美术等传统手工艺可通过"数字体验教程+材料包"形态生成DIY体验产品,一些传统美术作品近年来还通过数字藏品的形态出售。在虚拟现实、人机交互、传感技术等辅助下,非遗数字体验产品将不断优化、丰富,并打破线上与线下的绝对区隔,让虚拟体验过程置身仿真场景,无限接近真实实践过程,还可通过定制、协作等方式与线下生产性实践产生互动。

其二,非遗跨界衍生数字产品同样以非遗项目作为数字产品的核心内容,但借助数字平台和技术开发的是跨行业、衍生性的数字产品。基于"非遗+教育""非遗+旅游"等跨行业融合发展趋势,借助数字技术正在全面拓展非遗多元价值转化的虚拟场景。首先,民间文学、民俗等门类非遗项目可通过在线课程、虚拟体验、线上研学等方式拓展普及教育的实践维度。其次,在非遗与旅游深度融合发展过程中,非遗已然成为数字沉浸式旅游产品的重要题材,出现了不少非遗主题数字体验空间案例。如"Inner Awareness"沉浸式体验空间选取昆曲《牡丹亭》中《游园惊梦》一折,以虚拟化的身体表现及场景空间营造戏中"梦境",提升当代观众尤其是年轻人在昆曲艺术欣赏中的参与度。

三、非遗要素虚拟化

非遗资源数字化后可大大提升传播、共享、利用的潜力,其中就包括将非遗相关要素形态植入虚拟场景、虚拟角色之中,并为非遗在网络虚拟空间中的再创造活动提供可能。近年来,遗产持有者、相关实践者通过提取非遗相关要素,将其用于当代数字内容生产,创作出了不少数字文化产品和数字艺术作品。非遗要素植入虚拟场景、虚拟角色以及虚拟社会,既包括将非遗作为文化生产要素投入再生产,又包括了将各类非遗中包含的精神内涵嵌入虚拟介质,并实现价值的传递和转化(见图2-4)。

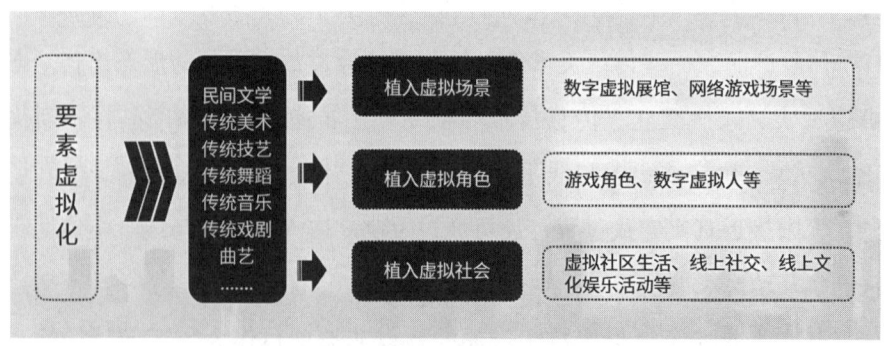

图2-4 非遗要素虚拟化图示

其一，非遗要素植入虚拟场景。不少非遗项目作为文化事象和艺术表现形式，具有历史价值、文化价值、艺术审美价值，也具有丰富的视觉形象和文化符号，是虚拟场景构建的重要文化资源。在数字虚拟展馆、网络游戏场景、元宇宙虚拟空间中，非遗相关要素嵌入场景视觉之中，成为虚拟空间在地化、多元化特色的来源。如动漫电影《雄狮少年》将广东醒狮、狮头彩扎技艺等融入动漫场景中。

其二，非遗要素植入虚拟角色。当前，数字虚拟人、网络游戏角色等也开始成为非遗要素植入的虚拟介质。传统美术、传统技艺中蕴含的美学内容，为虚拟角色外形提供依据与灵感；民间文学、民俗中蕴含的思想精神等文化内容，如价值观念、礼制习俗、道德情操等，又可被赋予至角色性格塑造及行为设定之中。如国产手游《王者荣耀》将多种非遗项目以视觉要素等形式植入网络游戏角色，游戏角色王昭君的"乞巧织情"皮肤，既通过与苏绣代表性传承人姚建萍的合作实现美学要素植入，又与民间文学牛郎织女传说构成关联，增加虚拟角色的精神内涵。

其三，非遗要素植入虚拟社会。当代人社交、娱乐等群体生活方式向线上迁移，使得网络社交、线上文娱活动、虚拟社区生活等不断扩大，正在重构社会公共空间，非遗作为来源于传统的群体生活方式，正在自发地植入各类网络社会情境。比如，网络社群正在成为区域性民俗活动的通信中枢。笔者观察到，微信群成了村庄虚拟型公共文化空间的雏形，围绕文化事象发挥着多种功能，包括：了解村庄发展动态、日常事务，对公共事务发表意见、讨论协商，邻里互助信息的发布与响应，线上文化活动的开展、投票及展示，线下文化活动的组织、报名与协调，等等。

四、非遗实践虚拟化

非遗的活态存续与人的具身性、过程性实践密不可分，但其部分实践活动可借助实景再现、拟态传播、社群互动等在网络虚拟世界中开展,并可从技术更迭中不断优化虚拟实践的方式及载体,为非遗传承所需的趣缘交流、专业协作、文化生产等提供实践平台。当前,以非遗实践为内容的虚拟体验、虚拟教育、虚拟传习等数字服务产品正在不断涌现,非遗在网络虚拟社区传承的生态体系正在形成(见图2-5)。

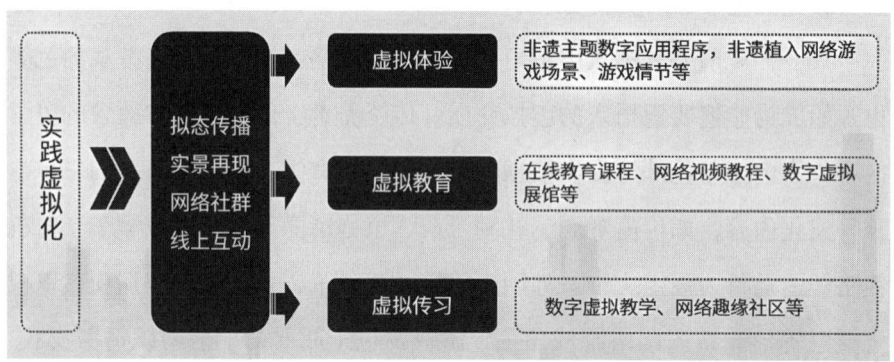

图2-5　非遗实践虚拟化图示

其一,非遗实践的虚拟体验。通过体验性实践感知非遗价值,已经成为当代非遗普及传播的重要手段。除了构建更多线下传承体验设施,要鼓励借助各类网络应用提供非遗实践的虚拟体验。首先,非遗主题数字应用程序不断增多,以"云游"、交互体验等方式达到"寓教于乐"的效果,激发人们对非遗的探索兴趣。其次,非遗通过植入网络游戏场景、游戏情节,将项目实践过程转化为虚拟化体验过程,达到普及传播目的。如2022年上线的《东城非遗云游趣图》,借助数字手绘地图的方式展示北京市东城区的主要历史建筑及代表性非遗项目,通过东城非遗美食、非遗体验、非遗匠心、非遗耳闻等板块虚拟导览地区非遗资源。

其二,非遗实践的虚拟教育。以非遗为主题的在线教育课程、网络视频教程、数字虚拟展馆等,正在为非遗知识普及提供沉浸式学习平台。如在快手平台推出的"快手课堂"中，有67位非遗传承人开设了502门非遗相关课程，有3万多名付费学习者。此外，快手泛知识板块还可为创作者提供系统化课程开发服务，帮助非遗传承人群衔接在线教育。

其三，非遗实践的虚拟传习。首先，随着技术手段的不断提升，非遗借助数字虚拟教学可实现从普及层面教育向专业程度传习的进阶。其次，网络趣缘社区为非遗项目的趣缘群体提供聚合、交流、协作的平台，并为其提供基于非遗标签的身份认同，有助于非遗传承人群范围的扩大。如"自然造物"团队建立的线上社群以"自然·人文·手艺"为三大核心元素，推出了"在路上的礼物"行走计划，寻访1000多位民间手艺人，建立近30个粉丝社群，制作群接龙超过40期，帮助活化在地民艺项目36个。在自然造物的社群里，群友们通过图文直播了解一门手艺之后，通过群接龙的方式向手艺人下单定制自己喜欢的作品，从而形成了一种可持续的虚拟社群运作模式。

当前，人工智能和互联网的融合使得网络虚拟世界对人类社会生活的影响进一步加大，各类文化实践背后的社会观念、集体惯习等正在发生着不容忽视的变迁。辩证来看，人类生活的线上迁移对具身性的非遗传承势必产生实质性威胁，但网络虚拟社区中的非遗实践正在萌生，呈现出丰富、活跃且具有无限潜力的面貌，已然发挥着辅助、促进、反哺传承的作用。比如在现实世界中，与人民群众日常生活相关度高的传统美食、传统手工艺等非遗项目存续状态相对更好；而在网络虚拟世界，民间文学、民俗等精神内涵、文化价值相对更高的非遗项目有了价值实现与转化的载体。因而，尽管非遗在网络虚拟世界中的实践还处于萌芽状态，但其意义和价值应当被正视，研究者应予以更多关注及学理层面支撑。

非遗在当代与未来的可持续实践应是与人类社会发展并行的，充分运用各类数字技术及其潜在功能，借助数字形态可将遗产生命力的存续推进到一个新的阶段。

第三章 AI 应用于非遗的立档保存及数据利用

联合国教科文组织《保护非物质文化遗产公约》中给出的非遗保护措施包括确认、立档、研究、保存、保护、宣传、弘扬、传承和振兴,[①]而人工智能相关技术可从不同维度应用于这些保护措施,本书将结合这些保护措施,梳理 AI 应用的方向与典型案例。

回顾数字信息技术应用于我国非遗保护的历史,在保护事业开端之时即将建立数据库、实施数字化记录等列为保护措施。2005 年,国务院办公厅《关于加强我国非物质文化遗产保护工作的意见》中提出:"运用文字、录音、录像、数字化多媒体等各种方式,对非物质文化遗产进行真实、系统和全面地记录,建立档案和数据库。"随着信息化、数字化手段在文化遗产保护中的深化应用,2021 年中共中央办公厅、国务院办公厅印发的《关于进一步加强非物质文化遗产保护工作的意见》中进一步提出:"加强

[①] 保护非物质文化遗产公约[EB/OL].(2010-01-13)[2024-03-25]. https://www.mct.gov.cn/whzx/bnsj/fwzwhycs/201111/t20111128_765132.html.

第三章 AI应用于非遗的立档保存及数据利用

对全国非物质文化遗产资源的整合共享，进一步促进非物质文化遗产数据依法向社会开放，进一步加强档案和记录成果的社会利用。"可见，我国非遗保护事业已然具备一定的数字化基础，且正处于数据资源整合、开放的关键时期。

AI相关技术可参与非遗项目资源的采集与记录，通过智能识别、分类、监测等促进非遗的数字化系统化管理，并结合区块链等技术实现多渠道、可追溯、有保障的转化，帮助非遗数据实现广泛、高效、安全的共享利用。

第一节 非遗的数字化记录

非物质文化遗产项目的确认、立档、保存、研究等与相关数据的采集、存储和管理息息相关，而AI可为之提供更为高效的技术支撑。通过高分辨率图像扫描、文本识别、智能三维全息摄影等技术可将具体的文化形态以数字的形式保存下来，并进入AI辅助数据处理阶段。这不仅有助于非物质文化遗产的保存，还创建数字化应用，让更多人能够观看和研究这些文化形态。[1]AI在文物数字化中的运用已初具成效，如微软亚洲研究院与敦煌研究院合作开发的卷积神经网络被用于敦煌石窟壁画的自动数字化，基于深度学习的文物自动分类系统也得到了广泛应用[2]。数字化采集、分类等工作的自动化同样适用于非物质文化遗产项目的保存与管理。

---

[1] 李忱阳.科技赋能文化遗产保护[N].人民日报，2023-06-07（012）.
[2] 胡鸿雁、陈淇琪、王一汀，等.AI驱动民族地区非遗产业产校协同创新模式探索[C]//百色学院马克思主义学院，河南省德风文化艺术中心.2023高等教育科研论坛论文集.湘潭：湘潭大学，2023：4.

AI驱动的多模态数据采集技术极大提高了非遗数据的采集效率。第一，AI驱动图像与视频采集技术，能够对非遗项目进行全方位、高精度、高效用的记录。光学字符识别（OCR）技术能够快速识别并录入相关古籍文献，计算机视觉技术则可以自动记录和分析传统工艺技艺的制作过程，利用高分辨率摄像头和智能图像识别算法，可自动捕捉传统工艺技艺的细节纹理和色彩变化等信息，创建精确的数字模型。例如在记录传统刺绣工艺时，结合三维扫描技术，摄像头能够清晰拍摄绣品的每一针法、丝线光泽和图案布局，AI算法则对这些图像进行采集和分析，提取刺绣风格、图案元素等关键数据。又如传统舞蹈等表演艺术，视频采集设备可以结合动作识别技术，精准记录舞者的肢体动作序列、舞蹈节奏以及表情变化等详尽的动态数据。第二，AI结合语音识别技术，可以实现对非遗项目音频的高效收集与转录，这对以口传心授为主要传承方式的非遗项目尤为重要。通过专业录音设备与语音识别软件相结合，可以录制非遗传承人的音频内容，并通过语音识别技术快速转录为文本等数据形态，还能对音乐元素进行分析，识别传统音乐的旋律、节奏、乐器音色等特征，为传统音乐类非遗项目的保护与研究提供可视化的数据支撑。

AI利用智能数据标注与分类技术显著提升了非遗数字化记录的准确性与可用性。其一，算法可以根据预先设定的特征参数，对采集到的海量数据进行筛选。比如在图像数据中，依据特定的图案形状、色彩组合或纹理特征，筛选出具有代表性的图像样本；又如在音频数据中，根据特定的语音频率范围、音乐节奏模式等特征，筛选出关键的音频片段，有助于减少数据冗余，提高数据的可用性和针对性，使研究人员能够更专注于有价值的数据资源。其二，利用自然语言处理和机器学习技术，AI能够对非遗相关数据进行语义分类与标注。通过对数据的智能化分析，AI可以自动识别出数据的关键特征和语义信息，为其添加精准的标注与分类。对于文本数据，如非遗传承人的口述记录、历史文献等，AI可以识别其中的人物、事件、技艺名称、地域信息等关键语义元素，自动进行分类标注；对于图像和视频数据，AI可根据场景内容、人物动作等进行语义标注，使非遗数据的管理和检索更加高效便捷。

借助AI多模态数据采集与智能数据标注分类技术，非遗项目实现了从传统手工记录向智能化、高精度记录的跨越，丰富了记录的维度与深度。展望未来，随着AI技术的持续变革，非遗数字化记录将迈向全息化与实时交互化阶段，成为构建人类非遗数字记忆共同体的核心力量。

第二节　非遗的数字化保存与系统化管理

人工智能在盘活非遗数字资源方面展现了巨大的潜力和价值，可以提升信息的处理效率，实现非物质文化遗产知识的系统化。相较于传统的记录与储存方式，人工智能可以提升非遗数据信息的处理效率。通过构建非遗的数字信息资源平台，促使更多创作者以新的视角对非遗资源进行创造性的转化，为后续非遗的数字化信息重构和再生提供了可能性。[①]当前，许多省级、市级非物质文化遗产保护中心都建立了辖区内非遗项目、传承人信息数据库，并借助AI模型可对这些非遗数据的管理与利用进行全面升级，实现数据整合、算法赋能及应用拓展，使其具备更为强大的辅助保护、管理及研究的能力。

在数字化保存方面，人工智能凭借其强大的数据处理能力，能够打破

---

① 张璐璐，唐睿.人工智能让非物质文化遗产"活"起来［J］.新楚文化，2024（4）：73-75.

现有数据库中可能存在的数据孤岛现象，建立全面、系统的非遗数据库。该数据库不仅可以存储非遗的数据资料，还可以对资料进行分类、整理和标注，便于后续的智能监控和维护。通过自然语言处理、图像识别等技术手段，对不同格式、来源以及结构的非遗数据进行统一的识别、提取和整理。例如，将文本形式记录的非遗项目介绍、传承人口述历史，与图像形式的工艺品图片、现场表演照片，还有音频视频形式等资料等进行有机整合，形成一个相互关联、条理清晰的综合性数据体系。此外，通过算法可以检测数据库中的异常数据或数据丢失情况，及时进行修复和备份，确保数据的安全性和完整性。

此外，可以利用 AI 开发非遗数字化系统管理平台，实现对非遗数据的统一管理，提高管理效率和利用价值。AI 机器学习算法可以对大量的数据进行学习和分析，挖掘隐藏在其中的规律、特征以及相互之间的关联。例如，可用计算机将非遗中的视觉符号形象进行语义编码，按照其所属门类、文化寓意、艺术特色进行数字信息整理，建立文化数字典藏库。再例如，可将手工技艺中的布料染织工艺进行流程分解，模拟手工艺人制作动态影像过程，更有利于传统手工技艺的保护和传承。[①]对非遗的保护与传承而言，可以利用 AI 进行濒危非遗项目的预警，通过对各项非遗数据指标，如传承人数变化、传承活动频次、受众关注度等数据的实时监测和分析，提前发现那些可能面临失传风险的非遗项目，以便及时采取针对性的保护措施。此外，非遗项目的申报、审核、评定到后续的跟踪管理，都可以借助 AI 提高效率和精准度，实现智能化的流程管理。在学术研究领域，AI 能够辅助学者进行跨地区、跨门类非遗项目的比较研究，通过数据挖掘和可视化呈现等方式，为研究提供新的思路和视角，推动非遗研究向更深层次发展。

---

① 李忱阳.科技赋能文化遗产保护［N］.人民日报，2023-06-07（012）.

第三章　AI应用于非遗的立档保存及数据利用

人工智能可以将非遗资源从表象开发向内涵开发转变，从单纯的信息保存向综合性挖掘研究过渡。通过对现有非遗项目及代表性传承人信息数据库的数据整合、算法赋能以及应用拓展，AI可以切实提升数据库在非遗保护、管理与研究工作中的辅助能力，使其从传统的静态信息存储转变为动态、智能的数字文化资源，实现非遗数据的集中化、规范化和智能化管理。

第三节　非遗数据资源的共享利用

非遗数据的共享利用是连接过去与未来的重要桥梁。AI相关技术通过跨平台共享、智能推荐系统以及数据分析与挖掘等手段，极大拓宽了非遗数据的传播渠道和利用范围，为非物质文化遗产的传承和发展提供了丰富的资源和灵感源泉。

AI可以助力构建非遗数据共享平台，打破地域、机构与行业壁垒，促进数据的广泛流通与共享。通过整合各地非遗保护机构、研究机构、相关企业以及非遗传承人个人所有的多种数据资源，建立统一的数据标准与接口规范，实现不同来源数据的无缝对接。比如档案部门可联合文化部门构建非遗档案知识系统，该系统集非遗档案数据管理、知识处理、信息检索和展示利用等功能于一体，形成"资源+平台+服务"的非遗档案集成化建设，真正形成开放、互动、共享的非遗数据生态系统。此外，基于深度学习的推荐算法能够根据用户的不同需求，如非遗研究者关注的特定学术方向、文化爱好者感兴趣的非遗门类等，精准地推送相关的非遗数据信息，提高数据的利用效率，更好地服务于不同群体。

AI还可以对非遗数据进行深度分析，从海量的数据中提取有价值的信息，促进非遗数据资源的开放利用。贵州相关方统筹搭建的"苗绣素材库、苗绣绣娘数据库、全球设计师开放平台"，收集整理各地苗绣绣片6000幅，利用技术手段提取矢量化纹样近2000个，并对矢量化纹样进行分类、编号、版权确认以及区块链存证。①矢量化纹样的提取使得苗绣图案能够以计算机可识别和处理的形式存在，便于在数字设计软件、智能展示系统等多种应用场景中进行调用与编辑；分类与编号则为每一个纹样赋予了独一无二的身份标识，大大提高了数据管理的效率与准确性，方便数据的检索、筛选与统计分析；版权确认是保障非遗数据资源合法利用与权益分配的重要环节，通过明确纹样的版权归属，为后续的商业合作、技术传承提供了法律依据；而区块链存证技术的应用更是确保了数据在存储与传输过程中的安全性，增强了各方对苗绣数据资源的信任度。此外，这类数字化保存与应用案例完成了基础数据集的建构，具备了投入大模型训练以扩展应用的潜力，大模型可以学习苗绣的图案风格、色彩搭配规律以及文化内涵，从而生成全新的设计创意。

　　技术更新在非遗数据资源开放利用中发挥着突出性作用，然而在这一过程中所面临的版权复杂化问题不容忽视。未来，非遗数据共享资源库将借助区块链等技术实现更加公平、透明、高效的数据共享模式，并借助机器学习揭示非物质文化遗产更深层次的文化内涵，催生更多创新性的非遗相关产品与服务，重塑非遗在现代社会经济文化版图中的重要地位。

---

① 张洪铭.为非遗传承插上数字化翅膀［N］.光明日报，2023-06-28（13）.

案 例 "河南非遗一张图"——AI参与非遗数字化管理与利用

一、案例简介

（一）河南省非遗资源状况

河南省地处中原，是中华民族和华夏文明的重要发源地，是全国非物质文化遗产资源大省。截至2024年，河南省拥有人类非物质文化遗产代表作名录项目4个，国家级非物质文化遗产代表性项目名录125个、代表性传承人126名，省级非物质文化遗产代表性项目1030个、代表性传承人1147名，市级非物质文化遗产代表性项目3311个、代表性传承人3976名，县级非物质文化遗产代表性项目9481个、代表性传承人10971名。

河南省非物质文化遗产资源呈现出以下几个特点：其一，传承价值高。比如以民间文学中神话传说为代表的非遗项目源远流长，蕴含华夏民族早期文化之精髓，对中华文化传承等具有重要影响。其二，内容丰富多样。全省非物质文化遗产相关有价值的线索就多达22万余条，涵盖非物质文化遗产的十大门类。其三，分布十分广泛。全省各市县甚至每个村镇均有相当数量的非物质文化遗产代表性项目和代表性传承人，尤其在一些保护相对完好的历史文化名镇（村）等地，非遗项目分布相对集中。其四，跨地域分布项目众多。如豫剧遍布全省各市县，部分民俗类项目在不同地区广泛流传，有显著共性（见图3-1）。其五，影响力强。如新郑黄帝故里拜祖大典、浚县正月古庙会、伏羲太昊陵祭典、洛阳牡丹花会等传统节会在全国范围内均具有较大影响，河南省少林功夫、太极拳、木版年画、豫剧等传统戏曲项目已成为国内外文化交流的重要载体。河南省每年出境文化交流项目达百余个，其中多为非遗项目，太极拳、少林功夫、马街书会，钧瓷、汝瓷、唐三彩烧制技艺，朱仙镇、滑县木版年画等，在国内外有着极高的知名度与影响力①。

图3-1　河南省国家级非遗项目——豫剧②

（二）"河南非遗一张图"概述

"河南非遗一张图"是由河南省文化和旅游厅、百度及河南省非物质文化遗产保护和智慧化中心等联合打造的智能河南非遗资源库。该项目结合百度人工智能、知识图谱、大数据等新兴数字技术，综合运用百度地

---

① 河南省非物质文化遗产保护工作概况［EB/OL］.（2023-03-30）［2024-11-03］. https://feiyi.inhct.cn/view_newsDetail.html?id=2.

② 豫剧《穆桂英大破天门阵》亮相第五届豫剧艺术节受到热烈欢迎［EB/OL］.（2023-11-07）［2024-11-03］. https://www.hntv.tv/rhh-2530056192/article/1/1721735076845146113?v=1.0.

第三章　AI应用于非遗的立档保存及数据利用

图、百度百科和百度小程序等资源，对非遗数据进行标准化采集，系统、直观地展现河南非遗代表性项目全方位信息，提升采集和管理效率，着重解决非遗数字资源综合开发程度低、非遗传承人代际关系不清晰、非遗传播渠道不顺畅等问题，为公众开辟了一条便捷高效了解河南非遗的通道，拉近了河南非遗与公众之间的距离。"河南一张图"在2023年河南智慧文旅大会正式上线，据称为国内首创的非遗可视化知识图谱，开辟具有前瞻性的"数字技术+非遗"文化保护传承新路径，为非遗保护与传承事业注入新的活力。

打开"河南非遗一张图"官方网站（见图3-2），功能分区涵盖非遗概览、非遗大事件、非遗图谱、人物名片、非遗地图和非遗快讯六大板块。"非遗概览"可查看河南非遗项目与传承人的整体数据概况；"非遗大事件"

图3-2　"河南非遗一张图"网站首页[①]

---

① "河南非遗一张图"获评2023年文化和旅游数字化创新示范案例［EB/OL］.（2023-10-03）［2024-04-10］. https://hct.henan.gov.cn/2023/10-13/2830072.html.

翔实记录了2012年至2023年与河南省非遗相关的重大活动及措施等内容；"非遗图谱"借助知识图谱技术，使用户能够清晰直观地看到不同门类的非遗项目；"人物名片"中收录了目前河南所有非遗传承人的基本信息；"非遗地图"则以分级行政单位为基准，精准呈现非遗项目及其相关体验场馆的地理位置分布情况，查找便捷高效且可视化程度高，用户可一键发起导航；用户想要获取河南非遗保护、传承和发展的最新资讯，点击"非遗快讯"即可一目了然。

截至2023年，"河南非遗一张图"已完成对河南省1030个省级及以上非遗代表性项目（含125个国家级）及1147名省级及以上非遗代表性传承人（含126名国家级）的数据标准化收集工作，为逐步完善河南省非遗资源库奠定了坚实的基础。2023年10月，文化和旅游部办公厅发布的2023年文化和旅游数字化创新示范案例中，"河南非遗一张图"项目获评"2023年文化和旅游数字化创新示范优秀案例"。

二、AI赋能的主要特色

人工智能可盘活非遗数字资源。"河南非遗一张图"是河南省针对其非遗门类形态繁多、分布范围广泛的特点以及非遗数字化进程中面临的瓶颈问题所给出的创新解决方案。其特色在于能够借助AI模型，对非遗资源进行标准化整理、图谱化展示和体系化运营，使其具备更为强大的辅助保护、管理及研究的能力。

（一）标准化整理：AI驱动档案数字化转型，提升资料采集与检索效能

"河南非遗一张图"借助"河南非遗信息填报系统"，对全省非遗代表性项目和传承人信息开展普查填报工作，构建省市县等多级联动的收集管理

模式，并打通PC端、移动端等多种线上填报渠道，实现非遗基础数据、代际传承脉络及地域分布信息的整合，为实现全网宣传、传承创新以及数据沉淀奠定了基础，在非遗数字化档案建设方面迈出了关键一步[①]（见图3-3）。

图3-3 "河南非遗一张图"知识图谱[②]

基于非遗普查成果，"河南非遗一张图"进一步与百度人工智能、知识图谱及大数据等前沿数字技术相结合，系统性地搜集、整理非遗信息，梳理非遗知识脉络，将河南省非遗信息进行了全面整合、关联、上线，成功构建起庞大有序的河南非遗资源"数字资产库"。在AI技术的赋能下，海量异构的非遗数据转化为结构化、可关联、可检索的知识体系，实现了非遗信息从碎片化到系统化的跃升，为河南省非遗的传承与发展提供了一个集中展示、资源共享的空间。用户借此平台能够了解省内非遗项目的发展历程、传承谱系、非遗相关门店及传承人资料等核心数据与关键信息。该平台在实现档案数字化的基础上促进了非遗信息的公开，提升了非遗资源的采集与检索效率，实现了非遗数据的集中化、规范化和智能化管理，

---

① 郝晓静.非遗档案数字化保护及传播策略：以"河南非遗一张图"建设为例［J］.人文天下，2023（8）：4-10.

② 豫美河南｜"河南非遗一张图"正式上线！［EB/OL］.（2023-08-03）［2024-11-03］.https://baijiahao.baidu.com/s?id=1773159831794009890&wfr=spider&for=pc.

为河南省非遗项目的创新传承与发展开辟了新路径。

（二）图谱化展示：AI 赋能非遗知识图谱构建与可视化呈现

AI可助力非遗相关数据分析的可视化、海量知识的图谱化。知识图谱作为结构化的知识表示方式，能够将非遗项目相互关系、传承脉络和文化内涵以直观的形式展现出来。本书下一章还将详细展开。"河南非遗一张图"依托AI技术所具备的数据处理与数据分析能力，深度检索、抽取并处理河南非遗数据，将河南非遗领域中异构数据进行结构化、可视化、服务性转化，运用智能手段构建起非遗代际传承、地理分布及对标项目等多维知识的智能关联网。

此外，"河南非遗一张图"平台采用圆圈图可视化形式，将全省非遗项目的相互关系、传承脉络和文化内涵以直观的形式展现出来，使用户能够快速把握相关数据的整体结构和细节特征，并逐步构建起一个全面、准确、动态更新的河南非遗知识图谱。作为非遗可视化知识图谱的创新成果，"河南非遗一张图"探索非遗数字化全方位关联展示模式，锚定非遗资源的数字赋能和创新发展（见图3-4）。

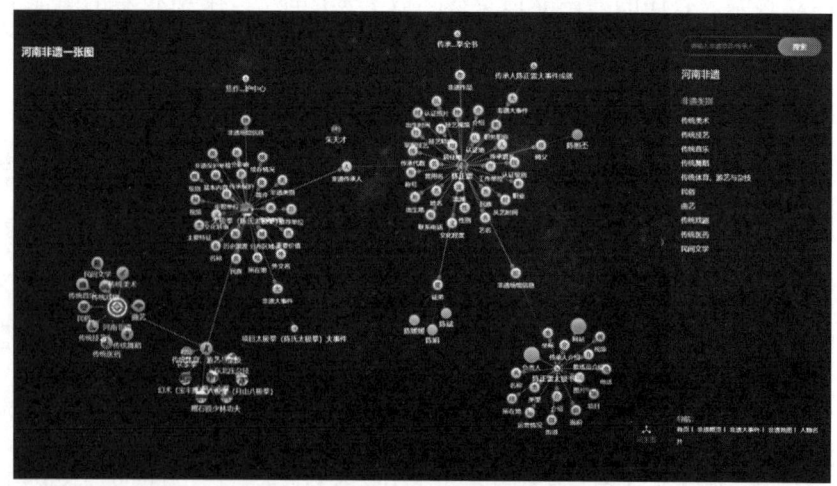

图3-4 "河南非遗一张图"分类情况

（三）体系化运营：拓宽信息传播渠道，强化公众非遗保护意识

AI可以助力构建非遗数据共享平台，打破地域、行业与机构壁垒，促进数据的广泛流通与共享。"河南非遗一张图"通过与百度地图、百度百科、百度小程序等应用相结合，借助PC端、小程序、H5等多种渠道将河南省非遗数据信息整合关联上线，并依托百度搜索引擎技术拓宽各类非遗资源的传播路径与受众范围。例如，国家级项目及传承人信息可直接通过百度百科知识平台进行展示推介；"非遗名片"板块为每位非遗传承人搭建专属的数字化展示页面，设置了传承人信息、专属图谱和二维码等元素，支持一键转发功能，形成了"数字社交"传播链条，提高了项目及传承人的知名度及社会影响力（见图3-5）。

图3-5 "河南非遗一张图"非遗名片功能

"河南非遗一张图"这一智慧平台不仅为各类用户体验非遗搭建了一个数字化互动平台，也为河南非遗的广泛推广构建了一个高效的传播站点，使得用户了解非遗、获取非遗信息的途径得以拓宽，也在一定程度上促进了河南非遗深入民众日常，在潜移默化中强化了公众对非遗保护的责

任意识与文化自觉。加之互联网本身所具备的快速传播、广泛覆盖、时效性强等优势，辅以多样化的传播策略与全方位的网络传播渠道，有利于构建保护非遗、传承非遗的广泛共识，有力推动河南"非遗"文化跨越地域限制，迈向全国乃至全球舞台。

三、结语

非遗数字化传播及应用是非遗保护的一项重要工作，AI通过数据挖掘与分析、跨平台跨媒介共享等手段，拓宽了非遗数据的传播渠道和利用范围，拓宽了公众对非遗的认知视野和认可程度。随着数字化技术的不断发展，非遗的数字化传播与应用在其真实性、整体性、体验性和交互性等多个层面将迎来进一步的优化提升与创新突破。加强对非遗数字化传播与应用的投入与研究，并以此推进传播与"两创"的标准化和规范化，是进一步推进非遗系统化保护、可持续发展的重要途径。

"河南非遗一张图"在AI技术的赋能之下，综合运用大数据、知识图谱等前沿技术，以直观生动的可视化形式，全方位地向用户展现当前河南非遗的传承发展态势。该项目有效解决了非遗档案采集、保存、管理无序及活化利用不足等难题，在提升公众非遗保护意识、促进非遗可持续发展方面可发挥重要作用，为行业提供了可资借鉴的思路与范例。

第四章　AI 促进非遗研究的深化与拓展

人工智能可能为非遗研究带来了前所未有的机遇，拓展了研究的视野和边界。其中，术语体系建构可助力 AI 相关技术的应用，同时 AI 又可推动非遗专业术语的精准提取、规范整理及关系网络建构，继而有望形成标准化、国际化的非遗术语体系；借助知识图谱及海量数据的可视化呈现，能够将研究成果直观展现，极大地降低非遗知识的获取和认知门槛，为非遗相关研究提供数据支持；通过整合多学科的知识和方法，AI 又可为非遗研究提供更多全新的视角和工具，实现非遗与更多其他学科的交叉融合与协同创新。

第一节　术语体系建构应用基础

非物质文化遗产是一个交叉型、复合型的研究对象，因而非遗相关学术研究面临着研究资料分散、常规检索效率低下以及非结构化数据处理困难等诸多困境。比如非遗相关档案大多仅从主题、地域和级别等层面来划分，档案中知识元素的语义化程度低，缺乏概念化提炼和形式化表达，且非遗相关元素之间关系不清，隐藏知识有待挖掘，而人工智能强大的数据处理与分析能力能够深度介入非遗数据资源利用流程，助力非遗相关研究的深化。在建立非物质文化遗产术语体系的基础上，各门类非遗的提示词工程可用于模型训练，不仅大幅提升专业研究领域智能化检索水平，还能提升研究所需非结构化数据的处理与分析能力。

  AI相关技术可在非遗术语体系建构中发挥关键作用。人工智能可以揭示多模态资源的语义信息，而语义解析功能为本体构建和知识组织提供了基础的语义解释和数据处理。如使用BERT模型①对实体概念描述进行语义表示，利用循环神经网络（RNN）等处理文本的序列特征，从而对文本进行语言理解，捕捉上下文信息，推断文本意图和内涵。人工智能可以构建非遗档案知识本体，知识本体是对非遗内涵及其组成要素高度概括的概念模型，②自然语言处理和机器学习能够智能识别数据中的概念或术语，并对其自动分类和聚类，帮助明确本体中的概念层次和类别结构。利用人工智能可以梳理出非遗知识的核心概念、层级关系、属性特征等，③并进一步挖掘新概念和关系，关注不同门类非遗的多维知识表现，建立契合非遗门类的实体和关系。通过自然语言处理技术与文本挖掘算法，可以对大量的非遗文献、研究报告、口述资料等文本数据进行分析，提取其中的专业术语与关键概念，确保术语的准确性与一致性，为非遗相关研究建立统一、规范的术语基础，便于学术交流、技艺传承及应用。

  在构建非物质文化遗产术语体系的基础上，各门类非遗的提示词应运

---

① BERT是一种语言表示模型。
② 侯西龙，谈国新，庄文杰，等.基于关联数据的非物质文化遗产知识管理研究［J］.中国图书馆学报，2019，45（2）：88-108.
③ 袁昌明.面向认知智能的民间文化类非遗档案智慧应用研究［J］.山西档案，2024（3）：164-166.

而生。提示词工程是指根据非遗术语体系以及研究、应用需求，设计一系列具有代表性、针对性与关联性的提示词或关键词集合，用于训练人工智能模型，以实现对非遗数据的智能化检索。过往，非遗研究资源的检索主要依赖于人工输入关键词，检索结果往往受到关键词选择的准确性、全面性以及数据库索引方式的限制，存在着大量无关信息或遗漏重要信息。而基于提示词工程训练的人工智能模型能够突破这些局限，快速理解用户检索意图，精准匹配与提示词相符的数据资源，挖掘出与提示词语义相关、逻辑相近的潜在资源。

首先需深入分析非遗研究具体的领域、主题与方向，如非遗技艺传承研究、"非遗"文化传播研究、非遗与当代社会关系研究等，确定每个领域的核心概念与关键问题。然后，从非遗术语体系中选取与之匹配的术语，并结合相关的同义词、近义词、上下位词以及特定语境下的衍生词等，搭建丰富多样的提示词库。这些提示词将作为模型训练的输入数据，通过机器学习算法，使模型学习到提示词与非遗研究资源之间的内在联系与语义关联，从而具备智能检索与推荐相关资源的能力。例如，当用户输入"京剧脸谱艺术"这一提示词时，模型除了返回直接提及京剧脸谱艺术的文献资料、图像视频外，还可能推荐有关京剧服饰色彩搭配、京剧人物性格塑造以及其他戏曲剧种脸谱特色对比等方面的研究资源。这样不仅大大拓宽了研究人员的视野，还提高了检索结果的全面性。同时，模型还可以根据用户的检索历史、浏览行为以及个性化设置等因素，动态调整检索策略与推荐结果排序，为不同研究需求的用户提供定制化的智能检索服务，进一步提升检索效率与用户体验。

此外，AI可以基于提取和规范化后的非遗术语，构建其间的关系网络，通过分析术语在文本中的共现关系、语义关联以及逻辑层次关系，揭示术语间的内在结构。例如，在传统手工艺领域，以"剪纸"这一术语为中心，AI可以构建出与剪纸相关的术语关系网络，包括剪纸的工具——"剪刀""刻刀"等，材料——"纸张""颜料"等，技法——"折叠法""剪刻法"等，风格流派——"陕北剪纸""蔚县剪纸"等，流布地区、代表性传承人以及与其他手工艺的相互影响等。通过语义网络分析，能够深入了解非遗项目的核心要素、发展演变规律以及文化内涵的传承与传播机制，为非遗研究提供全新的视角与方法。

第二节　知识图谱及数据可视化

AI可助力非遗相关数据分析的可视化、海量知识的图谱化。知识图谱作为结构化的知识表示方式，能够将非遗项目的相互关系、传承脉络和文化内涵以直观且多维度的形式展现出来。AI驱动非遗知识图谱构建是辅助深化非遗研究的重要手段。人工智能可以将非遗档案进行知识抽取和融合后导入本体模型中生成知识图谱，而非遗档案的知识图谱能够实现人文性知识的链接共享和智能应用，由节点反映非遗相关的属性，节点间的连线反映非遗相关的知识脉络，通过整合非遗领域的多源数据，包括文本、图像、音频、视频等，将非遗项目、传承人群、技艺方法、文化内涵、地域分布等数据间的关系进行知识图谱可视化呈现。[①] 如在"河南非遗一张图"中就通过将非遗领域的异构数据进行结构化，构建了非遗代际传承、地理分布、对标项目等知识的智能关联。

AI的深度学习技术在知识图谱建构中也展现出强大的优势，深度学习可以使用反向传播算法来发现大型数据集的复杂结构，自动学习相关数

---

① 吉雯璇，曹航.人工智能视域下非遗档案资源开发利用研究［J］.档案，2024（7）：18-23.

据的语义特征，在保留语义信息的同时，可以不断地补充新的数据，进行知识推理、查询拓展及相似性计算等操作，不断完善知识图谱的结构与逻辑，逐步构建起一个全面、准确、动态更新的非遗知识图谱。[①]

数据可视化在非遗研究成果共享传播中具有显著优势。AI通过自然语言处理技术对文本数据进行语义理解与关联分析，将分散的非遗信息进行有机整合，构建起完整的数据链条，为后续的可视化分析奠定坚实的数据基础。结合数据可视化技术，如交互式地图、时间线、关系图等，研究者能够快速把握相关数据的整体结构和细节特征。通过将非遗研究中的复杂数据、知识图谱以及分析结果以直观、形象的图表、图形、动画等形式呈现出来，大大提高了研究成果的可读性与共享传播效果。例如，将非遗项目的地域分布数据以地图的形式可视化展示，用户可以清晰地看到不同地区非遗项目的分布密度与特色；将非遗技艺的工艺流程以图示、动画等形式进行演示，让不同学科的用户更直观地理解非遗技艺并结合学科方向开展不同维度的研究。此外，数据可视化还可以应用于非遗学术报告、展览展示、教育教学等多个领域，促进非遗知识的广泛传播与普及，吸引更多人关注和参与非遗的保护、传承与研究工作。

第三节　促进非遗跨学科应用研究

AI可以扩大跨学科应用研究的范围与成效。借助AI，各类非遗在不同历史时期、不同社会环境下的演变规律、文化价值与社会影响能够得到深入挖掘，通过多学科数据融合与分析，打破学科之间的壁垒，为非遗相

---

① 贾君枝，崔西燕，张贵香.人工智能技术对知识组织的影响：以知识图谱为视角［J］.图书馆论坛，2024，44（2）：1-8.

关研究提供更全面、更深入的视角，促进非遗研究自身的创新发展。目前，文物、古籍等文化遗产研究领域已经开始相关应用。如北京工业大学艺术设计学院与信息化学部合作，针对北京中轴线15处文化遗产间良性互动的全局知识关联开展跨学科研究，采用数字孪生技术和知识图谱方式构建出可视化大数据语言模型，借助智慧数据和知识图谱两种信息承载形式，映射到知识大图，形成了涵盖15处遗产基本信息、历史档案以及文献等多维度的关联逻辑，具有可解释、可追溯、可验证的功能。① 而在非遗领域，腾讯游戏NExT Studios音频设计团队在古琴艺术国家级代表性传承人林晨指导下，创作出了第一首AI古琴曲《古今有琴》。如若开放共享这些音色样本数据，将会结出更多研究与应用成果。

AI相关技术促进数据融合、深度分析与共享利用，可为非遗跨学科应用研究提供诸多契机。通过集成多元化以及高质量的非遗数据资源，可为跨学科研究提供海量且可用的数据基础。这种数据的整合不仅促进了不同领域研究者之间的知识共享与协作，也为复杂文化现象的多维度分析提供丰富的数据基础。比如腾讯与敦煌研究院的合作便是一个典型案例，腾讯将AI图像识别和沉浸式远程图像会诊技术等引入了敦煌壁画的保护。针对敦煌壁画的保护需求，其使用高精度的数字扫描技术和图像识别AI技术对壁画进行了细致的数字化记录和分析，建立起了共享数据平台；研究人员能够对壁画的微小细节进行精确捕捉，用于壁画老化趋势的预测和保护措施的制定；而且还将其运用于敦煌壁画文创开发及多媒体传播。共享数据平台的建设和人工智能技术的应用，使得更多民族学、民俗学、人类学、

---

① 《设计》专访丨刘键：智能设计应让生活更美好［EB/OL］.［2024-04-01］. http://designmag.cn.

第四章　AI 促进非遗研究的深化与拓展

设计学等跨学科研究力量可协同研究敦煌壁画。此外，此类探索不仅引入和加深了多学科对文化遗产的理解，而且为多学科的研究创新提供了研究对象、数据资源和研究工具。这种跨学科合作模式的深入发展不仅加强了学科间知识的交叉，也促进了研究方法的创新。[①]

在跨学科研究的基础上，AI 还可推动非遗的跨界合作与跨界应用。比如，人工智能相关技术可以丰富已有的非遗表现形式，甚至创造出新的表现形式；针对不同门类的非遗项目，可以选取不同的技术表现手段。如传统舞蹈、传统戏剧、传统体育、民俗等涉及人体动作、实践场景的非遗项目，可以采用动作捕捉技术、虚拟现实技术、智能建模技术等，建构仿真式、高还原度的应用场景；民间文学类非遗则可利用人工智能进行深度理解，通过文本分类、情感分析和主题建模等探析民间文学主题和内涵的多维度应用。此外还可制作各类数字创意产品，实现非遗数据资源的虚拟化、交互式的网络化应用，将非遗元素作为抽象语言，跨界到其他艺术领域进行融合创新。[②]例如，通过深度学习算法，AI 可以学习传统美术、雕刻等技艺，创作出结合传统内核与现代元素的新作品。AI 相关技术还可推动非遗元素跨领域融入现代家居、游戏动漫、影视音乐、服饰等行业，催生大量新的产品和服务形态。例如米哈游旗下游戏《原神》推出的系列非遗纪录片《流光拾遗之旅》，邀请多位非遗传承人还原游戏元素，以虚实交互的方式介绍各类非遗项目，助推中华文化在全球青年群体中的传播。本书后面章节将进行重点论述。

[①] 谢晓宇，范圣玺.人工智能时代非物质文化遗产的传承与创新：基于民族学与设计学交叉视角［J］.贵州民族研究，2024，45（2）：82-88.

[②] 吉雯璇，曹航.人工智能视域下非遗档案资源开发利用研究［J］.档案，2024（7）：18-23.

案 例 "人类与人工智能共舞"
——AI解构与创排传统舞蹈

一、案例简介

（一）泰国古典舞孔剧（Khon）

泰国古典舞孔剧（Khon）起源于400多年前泰国的大城王朝时期，融入了舞蹈、音乐、诗歌、绘画等多元文化元素，是泰国文化的重要象征，具有很高的艺术价值，于2018年入选联合国教科文组织人类非物质文化遗产代表作名录。本案例的研究对象泰国传统舞蹈"Mae Bot Yai"是孔剧的基本要素之一。

（二）舞蹈+AI，人类与人工智能共舞

麻省理工学院媒体实验室开展的"人类与人工智能共舞"项目是一次探索人机共生关系的创新实践，该项目将泰国传统舞蹈——古典舞"Mae Bot Yai"的内在原理转化成计算程序，可实时生成该舞蹈的虚拟人及其舞蹈动作，并可让舞者与虚拟人一起即兴表演，人机协同探索、编排与共创这一传统舞蹈（见图4-1）。

"人类与人工智能共舞"项目通过从泰国传统舞蹈动作中提取"能量""圆圈+曲线""轴点""同步肢体""外部身体空间""移动关系"六种舞蹈元素，结合控制论相关理论对传统舞蹈进行解构，并据此制定算法，为深度应用奠定了基础。该项目引导人们思考人类在控制论系统中的意义

与行为，探索人机组合如何超越其各部分的总和，以及技术在重塑传统艺术中可扮演的角色。

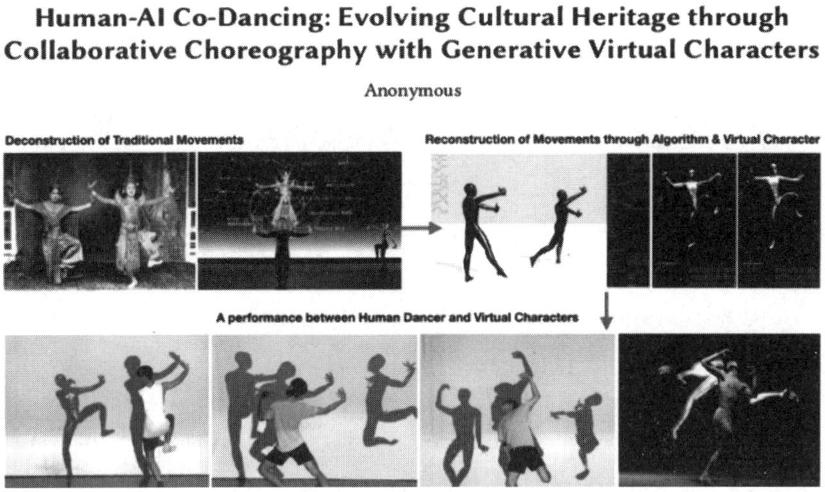

Human-AI Co-Dancing: Evolving Cultural Heritage through Collaborative Choreography with Generative Virtual Characters

Anonymous

Deconstruction of Traditional Movements　　Reconstruction of Movements through Algorithm & Virtual Character

A performance between Human Dancer and Virtual Characters

图4-1　"人类与人工智能共舞"的概念框架[①]

二、人工智能解构传统舞蹈类非遗

（一）AI探索传统舞蹈隐藏规律，谋求人机共生新境界

在麻省理工学院媒体实验室的"人类与人工智能共舞"项目中，AI技术成为传统舞蹈艺术革新的关键驱动力。项目团队利用AI算法深入剖析泰国传统舞蹈的精髓，实现了对舞蹈动作的精准解构与智能化重建。通过对大量舞蹈视频数据的分析和模式识别，AI能够精准地解构传统舞蹈动作，挖掘出传统舞蹈中隐藏的节奏与韵律规律。

该项目的研究结果还进一步应用于传统艺术的创新之中，通过智能化

---

① Open dance lab: digital platform for examining, experimenting, and evolving intangible cultural data［EB/OL］.［2024-03-01］. https://www.media.mit.edu/projects/open-dance-lab/overview/.

重建创造出了丰富多样的舞蹈序列，探索人机共舞、人机共创的新阶段。为实现实时交互，AI通过传感器和图像识别技术，与机械装置或虚拟形象紧密结合，实现了人机共舞的场景，使得传统舞蹈焕发出新的生命力（见图4-2）。

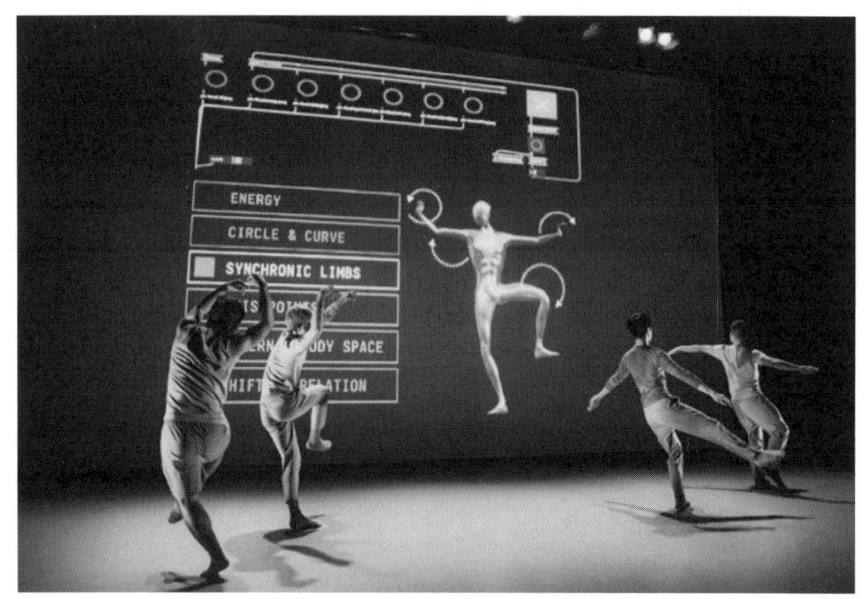

图4-2　"人类与人工智能共舞"表演现场①

（二）辩证看待控制论之下的"人机共舞"

"人类与人工智能共舞"项目在运用控制论相关理论制定算法时，深刻触及了人类控制论、非遗的人本性与具身性等伦理议题和现实问题。在控制论系统中，人类拥有自主意识和自由意志，而AI作为智能体，其决策和行为遵循预设的算法和规则。在"人机共舞"的过程中，两者之间的界

---

① Open dance lab: digital platform for examining, experimenting, and evolving intangible cultural data [EB/OL].[2024-03-01]. https://www.media.mit.edu/projects/open-dance-lab/overview/.

第四章 AI促进非遗研究的深化与拓展

限变得模糊，人类的决策和动作可能受到AI算法和机械装置的影响。

以往，非遗传承人凭借着自身对舞蹈的理解与感悟进行创作与表演；而传承人在与AI共舞时，其创作可能会不自觉地参考甚至依赖AI生成的动作序列，这使得非遗传承过程不再单纯依赖于人的经验传递，AI所遵循的预设算法和规则成了新的"创作源头"。在这种情境下，控制论相关理论的应用促使我们重新审视人类在艺术创作规律、非遗传承秩序中的主体地位和角色。在高度数字化、智能化的社会中，艺术再创作、非遗传承不再是相对简单的线性传递，创作者应利用好AI这把双刃剑，保有伦理观念，发挥创新潜力的同时规避传承风险，减少AI生成与机械自动化联动后对非遗传承秩序的颠覆性影响（见图4-3）。

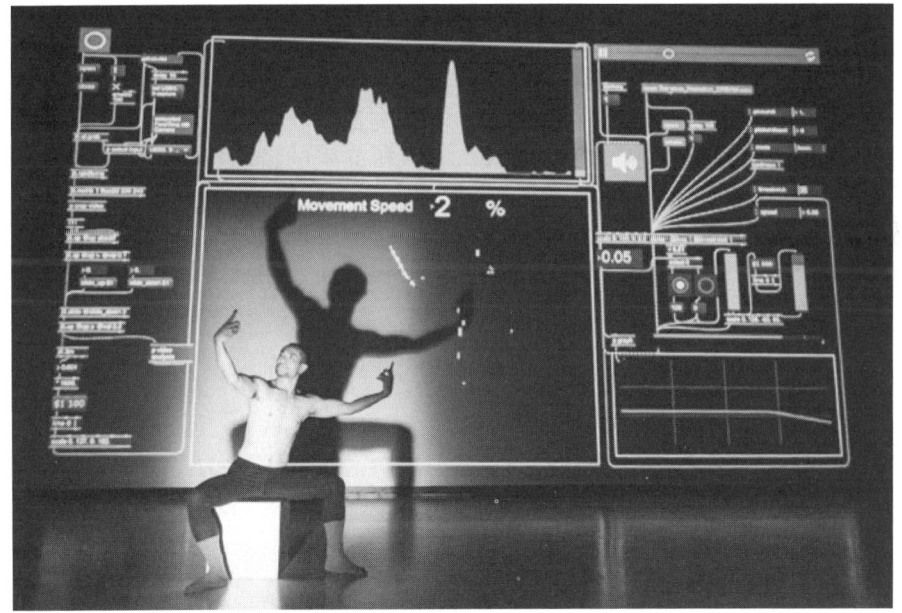

图4-3 "人类与人工智能共舞"表演现场[①]

---

① Open dance lab: digital platform for examining, experimenting, and evolving intangible cultural data［EB/OL］.［2024-03-01］. https://www.media.mit.edu/projects/open-dance-lab/overview/.

（三）发挥 AI 跨界合作媒介作用，助力文化传承与创新

该项目为麻省理工学院媒体实验室与泰国传统舞蹈艺术家的跨界合作，通过 AI 相关技术的应用实现传统艺术与现代科技的深层次融合。这种跨界融合通过解构非遗项目的表达来实现研究与应用的深化，对文化的传承与创新均具有突破性的推动。可见，AI 可成为跨界合作的新型媒介与催化剂，其可应用于舞蹈动作的分析、生成，表演控制、创编、舞台设计、呈现等各个环节，提升舞蹈表演的内涵表达和艺术效果，也可帮助非遗以更加直观、生动和易于理解的方式展现在公众面前。

三、结语

麻省理工学院媒体实验室的"人类与人工智能共舞"项目是 AI 辅助传统舞蹈解构研究及创新应用的一个典型案例，该项目通过人工智能赋能传统舞蹈研究与编创，探索了人机共舞、人机共生的新境界。但在传统舞蹈编创过程中，AI 的角色应更多是助手的身份，为人类舞者、编舞者提供一种新的灵感来源，辅助其进行传统舞蹈的再创作，找到"艺"与"技"之间的平衡点。

第五章 AI 在非遗传播与教育中的应用前景

非遗知识普及、价值传播、公众教育是遗产保护的重要一环，借助于人工智能生成技术，能够使非遗传播、教育的内容生产成本降低、质量和速度提升，使更多非遗项目以可视化、可交互的方式与公众相遇。当前，生成式人工智能可将文本、音频、图像、视频等进行智能处理，将古老的文明形态与当代技术形态融合，凝结成新的艺术形式[1]，也将开辟更多展示与体验非遗的新方式与新渠道。

近年来，越来越多的文化场景引入了混合现实、体感识别、全息投影等数字化展示技术，"数字""线上""云端""智慧""虚拟""沉浸"等表述也成了文化生产、文化传播和文化消费的高频词。在 AIGC 浪潮下，AI 相关技术将会快速在非遗相关信息与知识传播、文化展示、公众教育等内容生产方向得到广泛应用。通过智能化的数据处理、创意生成与交互设计，人工智能可以丰富非遗内容的呈现形式与传播渠道，提升公众对非遗的认知度与参与度，显著降低非遗传播、教育等的投入成本，为非遗的普

---

[1] 杨小晖，米高峰. AIGC 设计赋能非物质文化遗产传承与创新［J］. 工业设计研究，2023（0）：294-300.

及和可持续发展开拓新的路径。

进一步说，人工智能正在推动着由物理世界组成的二元空间向由数字信息参与甚至主导的三元空间转变，"物"正在逐步取代传统意义上的"人"，成为传播主体，直接发出信息。① 在物联网和人工智能技术的双重催化下，人机传播呈现常态化的发展趋势，智能设备不仅仅是一个有效的交流渠道，也是新的交流对象。通过自然语言的理解、生成和机器实时学习技术，计算机等电子设备在人工智能的支持下成为虚拟的传播主体。相较于人类传播者，人工智能在学习效率和逻辑梳理方面有着极强优势，不仅能在短时间内掌握大量的原始数据和资料，将非结构化的文本、图像、音频、视频等数据组织串联起来，还能根据外部环境的变化和受众在不同文化传播环境中的特定需求变更已有的知识输出方式。随着包括图像、视频、语音、虚拟身体在内的深度合成（Deep Synthesis）技术日趋优化和完善，通过自主学习与算法整合，人工智能技术得以进入"自主操纵""自动合成"的全新生产阶段，从而完成从单纯"复制—粘贴"到自主"学习—优化—进阶"的跳跃。②

第一节 非遗传播及教育内容生成

人工智能生成内容以硬件、算法和数据为基础，是继PGC（专业生成

---

① 张恒军，钱航.人工智能介入当代文学海外传播：融合路径与现实挑战［J］.新媒体与社会，2020（1）：45-56.

② 喻国明，梁爽.重构与挑战："深度合成"的传播影响与技术反思［J］.山西大学学报（哲学社会科学版），2021（2）：70-75.

内容)、UGC(用户生成内容)之后新的内容生产形式,[①]将逐步应用于非遗传播、展示和教育所需的图文、音视频、多媒体内容的生成,文本撰写、图片设计、音频编辑、视频剪辑等工作将逐步由 AI 相关应用替代。生成式人工智能目前实现了从数据分析能力到价值创造的变迁,成为新一代内容创作方式,不仅为艺术设计提供了新的工具和方法,而且也深度影响了人们的观念和思维方式,带来了更多的创作灵感。[②]因而,AIGC 不仅是传播内容的创作工具,也将提供更多高效传播的灵感与解决方案。

生成式人工智能通过大型预训练模型和生成对抗网络技术,带来了内容创作的新方式。在内容生产端,AIGC 可以快速、高效完成大量数字原生内容的生产,推动非遗传播内容的数字化、智能化生产进程。首先,人工智能技术提供了一系列自动化与智能化创作工具,这些工具通过对大量非遗数据的学习与分析,能够根据预设的主题、风格、受众需求等参数,快速生成相应的文本内容、图像以及视频素材,显著降低人力成本与时间成本。其次,AIGC 可通过对海量非遗数据的深度分析,挖掘出丰富多样的非遗元素,依据不同受众群体的年龄、文化背景、兴趣偏好以及学习目标,运用自然语言生成算法创作个性化的非遗素材。

与传统人工创作相比,AIGC 极大地缩短了创作周期,提高了内容生产效率。比如 2024 年 4 月 9 日,《广西日报》推出了《这样的广西非遗,你 AI 吗?》跨联版,运用了文生图技术,通过下达相关文字指令,将壮族歌圩、侗族花炮节、苗族赛芦笙等 13 个与广西三月三相关的非遗项目融合为

---

① 周鸿,熊青霞. AIGC 赋能媒介生产的机遇、隐忧与应对[J]. 传播与版权,2024(2):35-38.
② 唐欣,冯乔. 风格捕捉:基于人工智能技术的优秀传统文化数字化实践[J]. 包装工程,2024,45(10):168-173.

一幅幅精美的AI画作。科技感和民族风融汇于这一版面之上，在AI技术辅助下，13个非遗项目较好地实现了视觉整合，沿着AI生成的桂林漓江风景画作错落分布，为读者带来了不一样的视觉体验和想象空间。

生成式对抗网络（GANs）在非遗传播与教育的视觉内容创作中具有巨大潜力。GANs由生成器和判别器组成，通过两者的对抗训练生成逼真的图像、视频等视觉内容。GANs模型不仅能够生成高分辨率图像和增强图片质量，还能将文本转换为图像，并在不同域之间实现图像转换，拓展了内容创作的可能性。例如，可利用GANs生成传统手工艺制品的虚拟模型，如手工陶瓷器、木雕作品等，这些虚拟模型可以360度全方位展示，让观众清晰地看到作品的每一个细节，弥补了因实物展示受限而无法呈现全貌的遗憾；GANs也可以通过对大量同类传统表演艺术视频的学习，按需生成新视频为观众带来新的视觉体验。

数据驱动的精准内容创作模式还能够减少因内容创作与受众需求不匹配而导致的资源浪费。传统内容创作方式往往缺乏对受众需求的精准把握，容易出现创作的内容不符合受众兴趣或市场需求的情况，导致资源投入无法得到有效回报。而人工智能通过大数据分析技术，深入了解不同受众群体对非遗内容的兴趣偏好、消费习惯以及行为模式，能够在创作前进行精准的市场定位与内容策划，提高内容的传播效果与转化率，从而减少因盲目创作与推广而造成的资源浪费，降低整体投入成本。AIGC能够快速、高效地生成大量数字原生内容，相比传统的人工创作方式，极大地提高了内容生产的效率，这也意味着它可以在更短的时间内将更多的非遗信息呈现给公众，促进非遗项目的广泛传播。此外，AIGC在内容生成过程中能够融合多种元素和风格，通过深度学习和用户画像分析，生成符合特定受众喜好的非遗内容。在非遗传播及教育领域，人工智能生成内容正崭露头角，凭借其独特优势重塑内容生成格局。

第五章　AI 在非遗传播与教育中的应用前景

第二节　算法放大非遗线上可见度

数字化时代，线上平台已成为非遗传播与教育的重要渠道。当前，大量非物质文化遗产相关数据由不同主体上传至各个线上平台，但许多线上内容存在质量低、体验感差等问题，无法满足受众的个性化需求。人工智能可从不同维度助力非遗的数字化传播，放大非遗的线上可见度。

人工智能与虚拟现实等相关技术结合度的提升，将开辟更多文化实践的数字虚拟空间。借助 AI 可让非遗相关内容在虚拟世界触达更多潜在用户，并提供个性化服务以激发参与实践的兴趣与乐趣，有望将非遗的潜在兴趣人群逐步转化为传承实践人群。下述案例中的农民画体验项目即着眼于拓展潜在兴趣人群。农民画与许多传统手工艺类非遗一样具有民间性、在地性。同济大学设计人工智能实验室通过 Tezign.EYE 机器学习引擎对现有的金山农民画进行解构和学习，借助 AI 提炼金山农民画的关键风格特点而后应用于体验项目的开发，用户在屏幕上绘制简笔画后就可自动生成专属金山农民画，可开拓对金山农民画有认知、认同的兴趣群体。

在 AI 的加持下，通过大数据分析、传感器定位和跨屏识别等技术，可以实现非遗内容的智能推送。其一，借助着眼于"精准、效率、生态构建"的 AI 营销模式，通过智能推荐和个性化推送可以显著提高非遗内容在社交媒体、搜索引擎等线上平台的可见度。① 其二，搜索引擎优化（SEO）技术在非遗传播中至关重要，AI 可以对非遗相关网页内容进行分析，优化关键词、元数据、网页结构等元素，提高其在搜索引擎结果页面（SERP）中的

---

① 韩国颖，张科. AIGC 营销：人机共生式营销模式推动数字营销向数智化跨越[J]. 企业经济，2024，43（2）：111-124.

排名。其三，推荐算法则可根据用户的浏览历史、搜索行为、兴趣爱好等数据，为用户精准推荐与非遗相关的内容。在流媒体平台中，推荐算法发挥着重要作用，可以拓宽用户对非遗的了解范围，增加非遗的曝光度与传播效果。

首先，基于大数据和推荐算法的定制化推送，让人们有更多机会获取自己感兴趣的非遗相关内容。智能算法通过用户反馈和评价机制，可勾勒出每一位用户的用户画像，针对用户的地区、兴趣、年龄、消费习惯等信息，推送定制化的非遗信息。目前各新媒体平台都采用了推荐算法，实现了"千人千面"的信息传播，当前需优化推送机制，让非遗等优质内容有更多的曝光机会。其次，提供多样化入口，满足不同喜好的观众。以推荐算法为驱动的内容平台，可利用大数据分析来改善和优化非遗相关内容产品，并针对不同的用户设计不同类型的内容，为非遗相关内容产品拓展更多的用户群。最后，推荐算法更容易让非遗内容"破圈"，让更多人了解和喜爱"非遗"文化。基于大数据推荐算法，一些非遗项目通过传统文化、中国风、手工匠人、东方美学等标签分发推送给相应的兴趣群体，通过这些人的点击和关注，基于算法逻辑，又可以推送给更多拥有相同爱好标签的人，从而为非遗获取更多的流量支持。[①]

在 AI 的赋能下，算法可以识别出具有传播潜力的非遗话题和内容，并将其推送给更广泛的用户群体。例如，当某个用户发布了一段非遗技艺展示视频，社交媒体算法会根据视频的质量、话题的热度、用户的影响力等因素，将该视频推荐给更多关注非遗或可能对非遗感兴趣的用户。通过分析用户之间的社交关系、互动行为，算法可以构建一个社交传播网络，将非遗内容沿着用户关系链进行传播，用户的点赞、评论、分享等行为也会进一步扩大传播范围，形成"病毒式"传播效应。

此外，AI 还可以通过分析用户反馈和互动数据，不断优化推荐策略，进

---

① 肖梦涯.推荐算法＋短视频：非遗营销组合创新［J］.贵州社会科学，2021（2）：141-147.

一步提升非遗的线上传播效果。除了语言翻译，人工智能还能通过对不同文化之间的差异分析，制定针对性的跨文化传播策略。利用大数据分析不同国家和地区在文化价值观、艺术审美、消费行为等方面的差异数据，人工智能可以预测不同文化背景受众对非遗内容的接受程度与兴趣偏好。例如，在向欧美地区传播中国传统手工艺类非遗时，考虑到西方受众对个性化、手工定制产品的喜爱以及对环保、可持续发展理念的关注，重点突出传统手工艺的手工制作工艺独特性、原材料的天然环保性以及产品的个性化定制服务，如宣传中国传统刺绣时突出使用天然蚕丝线、手工刺绣耗时费力、独特的艺术价值等，并可提供刺绣图案、颜色搭配等用户定制服务，促进非遗跨文化传播。

第三节　AI应用于非遗的展览展示

当前，利用数字智能技术赋予非遗等传统文化新的展示形式已成为助力其保护的重要方式。以故宫博物院为例，"发现·养心殿：主题数字故宫体验展""'纹'以载道——故宫沉浸式数字体验展"等数字展览通过VR等技术，游客可以在虚拟空间和现实空间中自由穿梭，体验历史画面与现实画面的交织。这种数字体验让人们在日常生活中通过媒介瞬间切换到数字空间，近距离感受传统文化之美。

AI相关应用将为非遗的展览展示提供设计便利，丰富非遗体验场景。如何策划和设计展示内容，是让非物质文化遗产在展示空间"活"起来的重中之重。借助人工智能相关技术构建互动性的审美场域，创造全新的展示和交流方式，能够为观众带来具有持续吸引力的文化体验。[①]非遗展示设计在

---

① 张璐璐，唐睿. 人工智能让非物质文化遗产"活"起来[J]. 新楚文化，2024（4）：73-75.

由传统的静态实物展示向多元化、互动性的动态展示演进过程中，技术可发挥突破性、变革性作用。其一，人工智能相关技术可极大丰富非遗展示的交互形式，使受众获得多感官、深层次的沉浸式体验。其二，人工智能相关技术不仅能够模拟不同历史、地理范畴的文化语境，而且还能深入挖掘并外化非物质文化遗产的情感内核，通过提供虚拟化、情景化、互动性体验突破传统展示设计的限制。比如华中科技大学建筑与城市规划学院在永乐宫数字化展示中心设计中引入AIGC，利用Mid Journey进行实验性设计共创与出图，在计算机辅助设计和三维建模软件等辅助下实现了展示设计的提速。①

AI与混合现实相关技术（VR、AR、XR）相结合，能够创建个性化、高保真的非遗展览体验。其一，在非遗相关展览中，AI智能导览系统可为观众提供个性化、沉浸式的参观体验。通过在展览场馆内设置传感器、定位设备以及智能终端，导览系统能够实时感知观众的位置与行为。当观众靠近某个展项、展品时，系统会自动在智能终端上推送该展项、展品的详细介绍，且衍生内容可以是文字、语音、视频等各类形式。其二，AI互动体验装置可为观众带来深层次、强交互的参与感。人工智能相关技术可模拟特定时代、特定地区的文化语境，将参观者带入虚拟场景并毫无违和感地与虚拟人物对话、互动，提高体验的沉浸感，与展示内容产生更强的情感联系。借助虚拟现实或增强现实技术，观众可以"走进"非遗技艺的原生场景，亲身体验传统手工艺的制作过程，或进入非遗表演的虚拟重现场景，与虚拟表演者进行互动，更深入地理解非遗项目的内涵与表征。例如，北宋赵佶的《听琴图》由SAFA开发成了虚拟现实体验作品，参观者能够穿越画中，与宋徽宗一同聆听美妙的琴声。当参观者与宋徽宗身旁的书童四目相接时，还会看到他欠身施礼，款款向自己走来并跟随在身后。

---

① 张健，王雨心，袁哲. AIGC赋能传统文化传承设计方法与实践：以山西省永乐宫数字化展示中心方案设计为例［J］. 设计，2023，36（17）：30-33.

AI技术助力更多非遗项目实现数字化展示与虚拟化体验。通过3D扫描、高分辨率图像采集、3D全景全息摄影等技术手段，非遗资源在完成基础数字化后，AI可助力数据实现可视化、可体验化，以数字化虚拟化形态呈现给观众，观众通过触摸屏幕、手势操作、身体动作捕捉等方式获取信息、知识及情绪，了解非遗项目的内涵、特征及价值。许多非遗门类的思维特点、文化形态和艺术特征决定了其在数字交互领域中有着巨大的发展潜力。而人工智能使交互方式智能化，形成的智能交互综合多感知通道将为观众带来全新的通感体验，让虚拟现实真正"化虚为实"。在此基础上，通过不断深入的情感化设计处理，让参观者能够完成非遗的信息认知、意义构建，最终达到情感升华。①

综上，人工智能助力下的非遗展览展示呈现多个转向，一是数字化展示、虚拟化体验将更广泛得到运用，二是可视化展示的目标将从传递信息、知识拓展到调动情绪、激发参与，"诱导"观众深入探索非遗。比如，敦煌研究院的石窟全景漫游、大报恩寺遗址博物馆的"报恩圣境元宇宙"、上海豫园《山海经》主题的AR灯会等已有相关案例均展现了新兴数字科技在加深虚实空间的连接，拓展观众体验的维度方面的潜力。

第四节　AI应用于非遗的教育活动

AI相关技术在不同层面的非遗教育活动中得到了不同维度的应用。在社会教育层面，AI可让更多非遗项目转化为可交互、可体验的教育产品和服务。其一，人工智能的自然语言处理能力可用于与观众进行对话。依靠强大的数据信息，虚拟助手产品或聊天机器人可回答观众提出的与非物

---

① 李韵如.人工智能背景下非物质文化遗产情感化展示设计研究[J].设计，2022，35（24）：133-135.

质文化遗产相关的问题，提供详细信息或引导他们进行互动式的显示屏探索。在这种对话体验过程中，可以加深观众对于非物质文化遗产的感知。

其二，元宇宙、可穿戴设备等综合应用，可帮助观众获得数字沉浸式教育体验。在虚拟环境中体验制作传统手工艺、参加民俗仪式或观看传统表演，身临其境的互动学习方式可让年轻一代对各类非遗产生更多兴趣和共鸣。如在手工制瓷技艺研学教育活动中，体验者在传感器等辅助下体验技艺，而计算机可对体验者的动作姿势、手法角度等进行信息采集，并和传承人的标准制作信息进行比对，实时指导体验者并纠正不足，同时传授其制作技巧。可穿戴设备的多种感知能力（语言、动作、位置等）与人工智能相关技术的综合应用，使得虚拟世界和物质世界的信息得到实时交换，也使得实践性教育过程犹如传承人进行一对一的教学，不仅提高了教育活动效果，而且还能针对不同的体验者提供定制化的教育服务，达到言传身教的效果。因而，人工智能可作为助教协助非专业人士制作专业化的手工艺品，让传统手工艺朝向更广泛的受众传播推广。[①]

非遗传承人群也需要AI相关应用能力的教育培训。当前，AI及各类应用的快速发展也在倒逼非遗传承人群及相关从业者提升媒体与信息素养，需要帮助其有效利用数字工具为所持有非遗项目的传承与发展服务。社会学家提出的"科林格里奇困境"，在数字时代的文化传承中已然显现：非遗传承人群数字传播与应用能力的差异，使其所传承非遗项目的存续状况差距不断扩大。因而，当前要为非遗传承人群提供数字化、智能化应用技能的相关培训，帮助不同门类非遗传承人群建立对相关AI技术应用的初步认识，学会利用数字工具辅助传承、扩大传播。

AI还可以构建非遗虚拟学习社区，为非遗爱好者提供交流互动平台。

---

① 樊传果，孙梓萍.人工智能赋能下的传统手工艺非物质文化遗产传播[J].传媒观察，2021（8）：68-73.

在这个社区中,非遗传承人、专家学者、各类用户在创作经验、学习心得等方面的相关数据在AI辅助下达到高效的信息交换。社区内还可设置智能匹配功能,根据用户的兴趣爱好、学习目标、技能水平等因素,推荐合适的交流伙伴与学习资源,促进社区成员之间的知识共享与共同成长。此外,智能辅导系统也可以为用户提供实时反馈,在学习非遗课程时所遇见的任何问题都可以随时向智能辅导系统提问。系统通过自然语言处理技术理解用户的问题,并从知识库中快速检索相关信息,为非遗爱好者提供详细的解答和指导。

远程教学是AI在非遗教育中的又一重要应用。通过智能化的教学平台和工具,AI可以为非遗学习者提供个性化的学习路径和反馈机制。借助高清视频会议技术、在线教学平台以及智能教学工具,非遗传承人或非遗领域的研究人员可以在不同地点开展远程教学活动。AI技术还可以对远程教学过程进行优化,如自动调整视频画质、声音清晰度,根据学生的网络状况动态分配教学资源等,确保远程教学的顺利进行,打破地域限制,让更多人能够便捷地参与非遗学习。

案例一 丝缕间,新生现——"苏州漳缎AI创作模型"共创

一、案例简介

(一)苏州漳缎

苏州,被誉为"丝绸之府",栽桑养蚕、制丝织绸的传统技艺已与这座城市相生相伴了千百年。明末清初,在绒类织物蓬勃兴起的背景下,当

时苏州织造署的御用工匠受漳绒织物生产技艺的启发，创造性地引入缎纹组织，利用经线起提花绒，并对织机装置进行改造，以满足缎地起绒花的要求。为体现漳绒在其中所发挥的作用以及凸显新加入缎纹组织的工艺特征，"漳缎"这一名称便应运而生，成为中国古代绒类织物代表性的文化符号之一。

苏州漳缎之所以能在众多织物中脱颖而出，关键在于其纺织工艺。在丝绸织造过程中，纺织工人会在梭口插入钢丝形成绒圈，用特制小刀匀力划开，使绒毛耸立于缎面上，形成漳缎织物别具一格的肌理效果（见图5-1）。漳缎纹样简洁大方，花纹轮廓清晰，线条流畅，大小块面和较粗犷的线条相结合，排列有序，展现出独特的审美韵味。在面料质感方面，漳缎紧密肥亮，绒花饱满缜密，质地挺括厚实，花纹立体感强，被誉为"丝绸上的浮雕"，华丽且庄重。2011年，苏州漳缎织造技艺被正式列入江苏省级非遗代表作名录，苏州丝绸博物馆为其保护单位。

图5-1　苏州漳缎纺织机器①

---

①　百度AI×苏州丝绸！打造非遗数字化新范式［EB/OL］.（2024-04-17）［2024-11-03］. https://news.2500sz.com/doc/2024/04/17/1076846.shtml.

（二）苏州漳缎AI创作模型

2024年4月16日，Create 2024百度AI开发者大会在深圳国际会展中心举行，大会主题为"创造未来（Create the Future）"。大会期间，百度文心大模型与苏州丝绸博物馆、苏州文化投资发展集团宣布共创"苏州漳缎AI创作模型"，用AI技术守护与传承省级非物质文化遗产代表性项目——苏州漳缎织造技艺（见图5-2）。

图5-2　百度文心大模型与苏州丝绸博物馆共创"苏州漳缎AI创作模型"[①]

百度文心大模型基础模型通过学习苏州丝绸博物馆珍藏的3000多件馆藏苏州漳缎数字纹样，如"湖色缠枝牡丹纹漳缎""绿地金斜格小菊花纹漳绒""玫红地四季花卉纹漳缎""白地五湖四海纹漳缎"等，快速掌握苏州漳缎的质地特点和色彩风格，并以此为基础打造"苏州漳缎AI创作模

---

① 百度AI×苏州丝绸！打造非遗数字化新范式［EB/OL］.（2024-04-17）［2024-11-03］. https://news.2500sz.com/doc/2024/04/17/1076846.shtml.

型",进而开发出"赛博织漳缎 守护丝绸界国宝"线上互动程序用于参观者体验(见图5-3)。

图5-3 苏州丝绸博物馆漳缎展示图[①]

"苏州漳缎AI创作模型"以"赛博织漳缎"为主题,兼具整体复杂构图和局部细节刻画能力,绘制生成了三幅各具特色、风格各异的"赛博漳缎"作品——"祥云流涌图""春鹊临枝图""超感幻蝶图",旨在展现这一非遗技艺的赛博魅力(见图5-4)。

用户可以在互动程序中任意选择一幅"赛博漳缎"开启共创之旅,亲身体验投梭、打纬、提花、划绒的织造过程,感受古法织造技艺,延续"赛博漳缎"的长度。这种交互沉浸式体验提高了公众对苏州漳缎织造技艺的兴趣和认知度,具有较强的教育意义。

创作完毕后,用户还可以获得专属编号和保护证书,分享自己的创作成果。苏州丝绸博物馆与苏州市非遗办还联合举办了"漳缎:丝绸上的浮雕"线下创新特展,展览专门设置线下区域展出"赛博漳缎"这一展项。

---

① 百度AI×苏州丝绸!打造非遗数字化新范式[EB/OL].(2024-04-17)[2024-11-03]. https://news.2500sz.com/doc/2024/04/17/1076846.shtml.

通过线上互动与线下展览的结合，苏州漳缎这一省级非遗项目吸引了更多公众的关注与喜爱，成功让这项非遗的展示传播"活"起来。

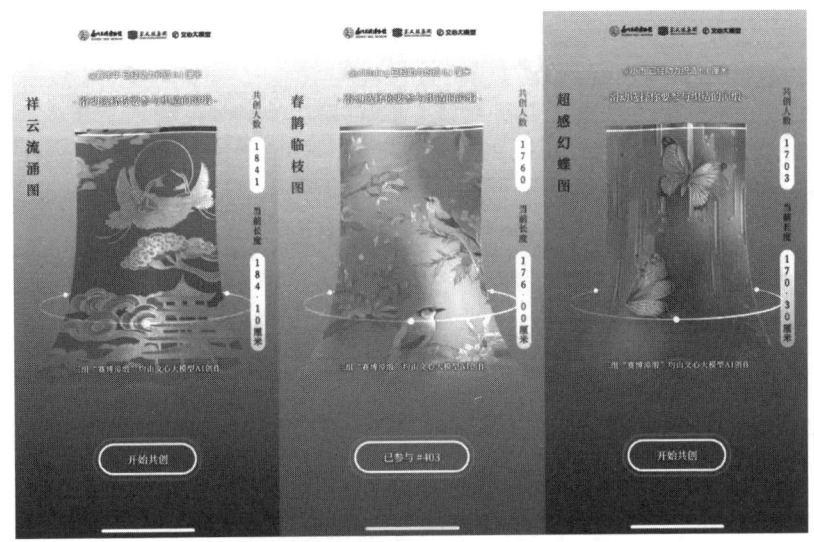

图5-4 "苏州漳缎AI创作模型"绘制的漳缎作品①

二、AI让苏州漳缎的展示传播"活"起来

（一）漳缎AI模型更新非遗展示方式

"赛博织漳缎 守护丝绸界国宝"是一款虚拟体验苏州漳缎织造工艺的互动H5创作模型，为公众提供了一个在数字虚拟空间交互体验苏州漳缎织造工艺的机会（见图5-5）。继而通过数字化方式参与漳缎作品共创，使得用户与该非遗项目产生了深度连接感，将自身视为非遗传承链条中的一环，实现从旁观者到参与者、保护者的角色转变，"延续"漳缎这一古老技艺的生命活力。

---

① 李元梅.丝绸文物赋新彩 姑苏文脉春常在［EB/OL］.（2024-04-25）［2024-11-03］.http://www.ncha.gov.cn/art/2024/4/25/art_722_188404.html.

图 5-5 "赛博织漳缎 守护丝绸界国宝"微信小程序交互页面[1]

其中,由文心大模型打造的"苏州漳缎 AI 创作模型"绘制生成的三款"赛博漳缎"作品——"祥云流涌图""春鹊临枝图""超感幻蝶图",成为用户参与线上互动的核心内容。在创作完成后,用户还可以获取具有纪念价值的证书与编号,这一反馈机制进一步强化了用户的参与感与成就感。此外,通过用户自发的分享行为,能够形成一种辐射效应,吸引更多人了解和体验该项非遗。

该模型主要用于展示传播,旨在多维度、全方位、交互式呈现漳缎及

---

[1] "赛博织漳缎 守护丝绸界国宝"[EB/OL].(2024-04-28)[2024-11-03]. https://soss-apps.emerge.ltd/apps/zhangduan-h5-2024/index.html.

第五章　AI在非遗传播与教育中的应用前景

其绒类丝绸的魅力以及一代代丝绸人在传承与创新过程中的智慧，打破传统展览展示形式。

（二）漳缎AI模型激活纹样数据资源

数字化采集基础至关重要。在数字化、智能化时代，文化资源通过数字化采集，转化为数据形态是实现传播、共享和利用的基础。而借助AI、大数据、云计算等技术手段，可更为高质、高效地对非遗信息实施采集、存储、管理及利用。在该案例中，苏州丝绸博物馆与百度文心大模型等的合作起点即漳缎藏品的数字化采集基础，继而借助发挥数据要素的更大作用。

"苏州漳缎AI创作模型"是相关机构承担的丝绸纹样数据采集与应用推动文化机构数字化转型升级项目的成果，而与相关大模型的深度合作激活了漳缎纹样，并促进了数据的应用。在确保文物藏品安全的前提下，该项目围绕丝绸纹样数字采集、纹样挖掘、研发创作、授权应用等步骤逐一推进，旨在打通丝绸纹样从文化资源向文化资产转化的全链条，实现从静态的文物保护转变为动态的文化传承创新。

为确保丝绸纹样数字采集的科学性与规范性，项目团队经过反复摸索与实践验证，完善了丝绸纹样数字采集标准的参数指标，制定了针对古代织绣类文物和近现代丝绸样本的数字采集规范，构建起涵盖文物出库、运输、保护、采集、修图、回库的标准化工作流程。截至2024年，已完成馆藏222件套等级文物和2212件丝绸样本数字采集工作，总容量达3.25TB，形成了庞大、丰富的丝绸纹样数字资源库。

以这些珍贵的馆藏丝绸纹样作为核心数字要素，项目团队挖掘纹样背后的文化内涵和美学价值，开展了一系列开发应用工作。截至2024年，该馆已开发出15套丝绸纹样授权图库，完成9批次跨界联名产品授权，进行了14大类、140小类商标及著作权登记注册，推出了30余款兼具文化底蕴与时尚元素的文创产品。项目团队还积极建设"未来馆"和"线上商城"，打造"丝绸纹样元宇宙"体验场景，不断拓展丝绸纹样的应用边界与展示空间。

三、结语

"苏州漳缎AI创作模型"是苏州漳缎丝绸纹样借助AI相关技术以数字化方式创新利用的一次探索，借助跨界合作由"观看实体藏品"转变为"数字体验织造"，突破了传统展示方式的边界。与AI技术的融合应用为丝绸文物"旧"肌体注入了"活"血液，深度连接经济社会发展与人民美好生活。[①]

案例二 AI+二次元赋能传统戏剧——AI重绘黄梅戏

一、案例简介

（一）黄梅戏

黄梅戏起源于湖北黄梅，原名黄梅调、采茶戏等，现流布于安徽省安庆市、湖北省黄梅县等地。清末时期，湖北省黄梅县一带的采茶调传入毗邻的安徽省怀宁县等地区，与当地民间艺术相结合，用安庆方言歌唱和念白，逐渐发展为一个新的戏曲剧种，当时被称为怀腔或怀调，这就是早期的黄梅戏。其后，黄梅戏又借鉴吸收了青阳腔和徽调的音乐、表演和剧目，开始演出"本戏"。以安庆为中心，经过一百多年的发展，黄梅戏成

---

① 李元梅. 丝绸文物赋新彩 姑苏文脉春常在［EB/OL］.（2024-04-25）[2024-11-03］. http://www.ncha.gov.cn/art/2024/4/25/art_722_188404.html.

第五章 AI 在非遗传播与教育中的应用前景

为安徽主要的地方戏曲剧种和全国知名的大剧种。

黄梅戏的唱腔属板式变化体，有花腔、彩腔、主调三大腔系。花腔以演小戏为主，曲调朴实欢快，具有浓厚的生活气息和民歌小调色彩；彩腔曲调欢畅，曾在花腔小戏中广泛使用；主调是黄梅戏传统正本大戏常用的唱腔，有平词、火攻、二行、三行之分，其中平词是正本戏中最主要的唱腔，曲调严肃庄重。黄梅戏以抒情见长，韵味丰厚，唱腔纯朴清新，细腻动人，以明快抒情见长，具有丰富的表现力，且通俗易懂，深受群众喜爱（见图5-6）。在音乐伴奏上，早期黄梅戏由三人演奏堂鼓、钹、小锣、大锣等打击乐器，同时参加帮腔，号称"三打七唱"。中华人民共和国成立以后，黄梅戏正式确立了以高胡为主奏乐器的伴奏体系。[1]

图5-6 黄梅戏《女驸马》片段[2]

---

[1] 黄梅戏［EB/OL］.［2024-11-01］. https://www.ihchina.cn/project_details/13280/.

[2]【黄梅戏】《女驸马》王琴 夏圆圆 安庆黄梅戏艺术剧院［EB/OL］.（2022-10-04）［2024-11-01］. https://www.bilibili.com/video/BV14d4y1B7qG/?vd_source=a7886b7ceef6bd7328cd3b0d85d019cf.

（二）AI 重绘黄梅戏《女驸马》选段

AI生成技术处于高速迭代发展阶段，早期以传统戏剧为内容生成视频的案例就有黄梅戏。2023年5月，由"花Q雀在学习"在哔哩哔哩（简称B站）发布的原创视频《AI重绘 动画版黄梅戏〈女驸马〉选段，给戏曲界一点小小的二次元震撼》，主要依据黄梅戏表演艺术家、国家一级演员马兰女士版本的黄梅戏《女驸马》选段，利用AI相关技术进行重绘，生成了动画版本的《女驸马》选段。该视频画面主体为AI动画版黄梅戏《女驸马》选段，视频右下角附有原版《女驸马》选段作为对照（见图5-7）。

图5-7 《AI重绘 动画版黄梅戏〈女驸马〉选段，给戏曲界一点小小的二次元震撼》视频截图①

---

① AI重绘 动画版黄梅戏《女驸马》选段，给戏曲界一点小小的二次元震撼［EB/OL］.（2023-05-12）［2024-11-01］. https://www.bilibili.com/video/BV1Ts4y1g7xm/?spm_id_from=333.337.search-card.all.click&vd_source=a7886b7ceef6bd7328cd3b0d85d019cf.

第五章　AI 在非遗传播与教育中的应用前景

该视频较早地尝试了利用 AI 绘画及视频合成技术，通过对每一帧真人演唱画面信息的捕捉生成动画版画面，最终合成动画版的《女驸马》选段，在当时技术条件下基本确保了动作、场景的连贯性与流畅性，且采用了"二次元化"的呈现方式；此外，该合成视频完整保留了传统戏剧的演唱音频，以此彰显传统戏剧的文化底蕴与艺术精髓。

二、AI 生成动画版黄梅戏，《女驸马》的创新做法与发展方向

（一）AI 生成黄梅戏"二次元"版，投放 B 站走近年轻群体

视频的一大特点就是将黄梅戏中的人物形象重塑为了年轻人喜爱的"二次元"风格。二次元文化在当代年轻人中有着广泛而深远的影响力与号召力，承载着特定的审美观念、价值取向以及情感表达。该视频借助 AI 技术进行"二次元化"改编，使得传统戏曲可以更加轻松地触达年轻观众，引发他们的共鸣与喜爱。

非物质文化遗产的传播与教育需要搭乘新媒体的东风，依据各个新媒体平台的定位与风格投放差异化的内容，实现广泛、高效的传播。AI 动画版《女驸马》视频选择了 B 站作为传播平台，因为它是深受年轻人喜爱的弹幕视频网站，聚集了大量二次元爱好者和年轻用户，已然形成了一个具有独特文化氛围与社交互动模式的网络社区。对年轻用户来说，它不仅是一个内容分享平台，更是用户基于共同兴趣爱好进行交流互动、构建文化认同的虚拟空间。借助 B 站的用户生成内容（UGC）模式与个性化推荐算法，AI 动画版《女驸马》可以较好地吸引对黄梅戏、二次元等关键词感兴趣的年轻用户，引发其关注和讨论。同时，通过 B 站的特色弹幕与社区互动模式，用户间可以实时交流、互动和分享，进一步扩大黄梅戏的传播范围，让更多的年轻群体增加对黄梅戏、《女驸马》的了解和喜爱。

（二）当时AI生成视频尚有较大技术限制

AI重绘动画版黄梅戏《女驸马》选段的视频属于萌芽期的实验案例，当时的播放量、评论量、点赞量等数据较一般。主要原因是当时AI生成视频还受到较大的技术限制。当时该案例主要运用的是AI重绘技术，其产出结果与大众日常接触的视频内容存在显著差异，难以实现理想的视觉呈现效果。

该案例利用AI重绘技术制作视频的过程是：将原本连贯的视频分割成一帧一帧的画面，然后借助AI绘画技术将分割好的画面逐一生成，最后再将生成的单帧图像重新组合，构成完整的视频作品。在当时的技术条件下，尽管能在一定程度上保留原视频的动态特质与连贯性，但鉴于每帧画面均为AI独立生成，过程中难以兼顾帧与帧之间的连贯与一致，从而引发了相邻帧细节不匹配，出现细微差异甚至突兀变化的问题，进而使得最终视频不够流畅，出现画面抖动与细节跳变的现象，破坏了画面整体的视觉稳定性，削弱了视频的整体吸引力与传播效果（见图5-8、图5-9）。

（三）从与相关案例的对比中看到AI辅助非遗创新传播的切实需求

该案例利用AI绘画技术初步尝试了为黄梅戏《女驸马》披上一层"二次元滤镜"，属于实验性质，但这种创新方向的必要性却可从国风动漫《女驸马》这个相关案例中得到求证。国风动漫《女驸马》也以黄梅戏《女驸马》的故事为蓝本，通过创意性改编形成了一系列漫画作品。国风动漫《女驸马》在多个新媒体平台上线，仅在快看平台上的人气值就高达3466万，点赞量超过4.2万。[①] 评论区中，众多年轻观众因这部动漫而开始主动接触并了解黄梅戏。基于此，运用AI相关技术辅助更多传统戏剧等表演类

---

① 快看漫画《女驸马》[EB/OL].（2020-08-25）[2024-11-03]. https://www.kuaikanmanhua.com/web/topic/7205/.

第五章　AI 在非遗传播与教育中的应用前景

图 5-8　帽子版冯素珍[1]

图 5-9　发髻版冯素珍[2]

非遗实现动漫化、二次元化传播，并降低投入的资金、人力和时间成本，是 AI 助力非遗传播取得突破性进展的重要应用方向。

但当前还受制于技术带来的一些转化瓶颈——AI 重绘技术等在艺术表现力，尤其是情感传达的细腻与深度上仍存在较大局限性。传统戏剧需要通过演员的表演、音乐的节奏及戏剧的张力等元素共同构筑起艺术的感染力，使观众能够在欣赏过程中与角色产生情感共鸣，沉浸于戏曲所营造的艺术情境之中。比如在马兰版黄梅戏《女驸马》中，冯素珍的一颦一笑、举手投足间无不流露出深沉的情感与戏剧的张力。观众能够通过演员的细微表情变化，洞悉角色的情感波动，从而与之产生深刻的情感联结。而当前 AI 相关技术在捕捉与再现这些元素时显得相对薄弱，难以赋予观众同等程度的艺术体验与情感共鸣。AI 重绘动画版黄梅戏《女驸马》选段的视频中，AI 技术在处理这些细微的情感表达时无法达到和真实演员一样完美

---

[1]　AI 重绘　动画版黄梅戏《女驸马》选段，给戏曲界一点小小的二次元震撼［EB/OL］.（2023-05-12）［2024-11-01］. https://www.bilibili.com/video/BV1Ts4y1g7xm/?spm_id_from=333.337.search-card.all.click&vd_source=a7886b7ceef6bd7328cd3b0d85d019cf.

[2]　AI 重绘　动画版黄梅戏《女驸马》选段，给戏曲界一点小小的二次元震撼［EB/OL］.（2023-05-12）［2024-11-01］. https://www.bilibili.com/video/BV1Ts4y1g7xm/?spm_id_from=333.337.search-card.all.click&vd_source=a7886b7ceef6bd7328cd3b0d85d019cf.

的呈现效果，AI动画人物在表情呈现上相对单一、缺乏生动性，难以达到真人表演的丰富性和细腻度，也无法充分表达角色的内心情感，致使动画版黄梅戏在情感表达和传达方面都产生了一定的缺憾。

三、结语

《AI重绘 动画版黄梅戏〈女驸马〉选段，给戏曲界一点小小的二次元震撼》视频发布于2023年5月，而AI相关技术的迭代是迅猛的，当前技术条件已经能解决许多当时的转化遗憾。但该作品能够较早尝试运用AI重绘技术，展现出创作者在非遗创新传播方面的探索精神。

当前，在B站等各新媒体平台搜索"AI重绘""AI转绘"等关键词，可以检索到数量巨大的视频作品，由此可以看出此类技术在文化传播领域得到了越来越广泛的应用。与此同时，随着AI视频生成技术的发展，非遗相关视频生成的主力技术不断在迭代更新。

案例三　AI扩散中式美学——奇域AI生成皮影戏绘画风格

一、案例介绍

（一）皮影戏

皮影戏又名"灯影戏""土影戏"，是一种用兽皮或纸板做成的人物剪影来进行表演，借蜡烛等各类光源用所剪形象而表演故事的戏曲形式，被列为国家级非物质文化遗产。皮影戏历史悠久，广泛流传于全国各地，一

第五章　AI在非遗传播与教育中的应用前景

般认为其发源于陕西①，在传播过程中因各地所演的声腔不同，形成了各具特色的地方皮影戏流派。在表演皮影戏时，艺人们在白色幕布后面，一边用手操纵戏曲人物，一边用当地流行的曲调唱出故事。"影人"在艺人的操纵下，靠灯光透射映到白色幕布上，与乐器伴奏、唱腔旋律相配合，营造出"一口叙还千古事，双手对舞百万兵"的艺术形象（见图5-10）。②

图5-10　皮影戏③

（二）新中式美学AI创作绘画平台——奇域AI

奇域AI是一款聚焦于新中式美学的AI绘画平台，用户可以通过文字描述生成富含新中式美学特色的绘画作品。平台提供丰富的风格模板，包括皮影戏、水墨、刺绣、京剧、扎染等与非遗相关的国风绘画风格（见图5-11）。通过AI智能绘画、风格延伸、作品微调、局部消除、高清重绘、

---

① 中国皮影戏的根在陕西［EB/OL］．（2022-09-29）［2024-09-18］．http://scopera.newssc.org/system/20220929/000089633.html.
② 任建英．皮影戏的传说［J］．民间传奇故事，2023（2）：56-57.
③ 非遗文化介绍：皮影戏［EB/OL］．（2024-05-06）［2024-11-02］．https://history.sohu.com/a/776739013_121124723.

灵感共创、交流社区、下载收藏、图像分享等功能，用户能够创作出兼具传统韵味与现代审美的绘画作品。奇域Lora模型聚焦国风元素，比如其对中国传统绘画大家吴冠中、叶瑞琨、刘海粟、潘天寿、齐白石、徐悲鸿等作品进行深度学习，形成了高度贴合的中国画风格，被誉为最懂中式美学的绘画工具，与当前市面上大部分AI生图平台偏西方化审美不同。

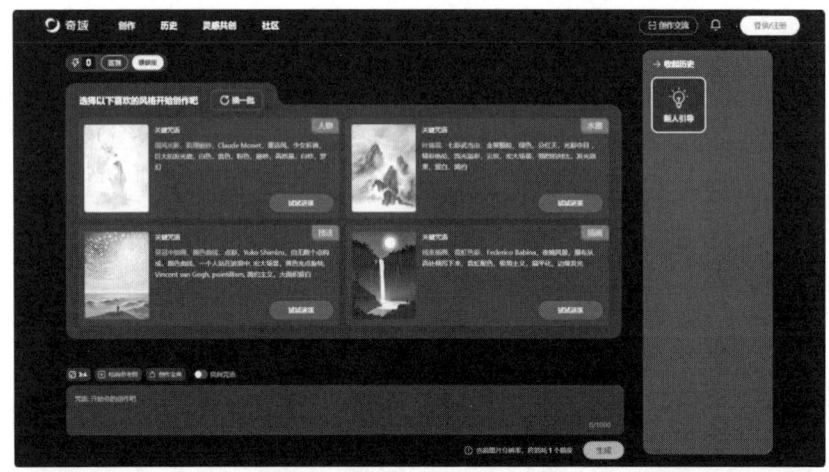

图5-11 奇域AI创作页面[①]

其中，奇域AI具有重绘皮影戏风格作品的功能，用户只需在AI聊天框中输入关键词、理想风格（如皮影戏）等创意描述，即可生成具有皮影戏风格的绘画作品。此外，奇域AI社区内部设有"皮影""皮影世界""玩转新皮影"等多个灵感关键词板块，为用户搭建了交流互动平台，用户可以在虚拟社区内相互交流关于皮影戏风格创作的经验。

在小红书平台搜索"奇域AI皮影戏"等关键词，即可涌现数千条相关内容，其中不乏点赞量数千的热门笔记。借助用户的自发分享与传播，皮影戏以中式美学风格的方式焕发新生（见图5-12）。

---

① 奇域AI［EB/OL］.［2024-11-03］. https://www.qiyuai.net/.

第五章　AI 在非遗传播与教育中的应用前景

图 5-12　奇域 AI 皮影元素创作社区[1]

二、奇域 AI 生成皮影戏风格的应用特色

（一）借助 AI 技术呈现中式美学，实现皮影戏创新应用

奇域 AI 专注于中国文化和中式美学的 AI 绘画创作，通过构建大规模的中式美学数据库，并基于此训练 AI 模型，使其能精准生成符合中国传统美学标准的图像作品。在皮影戏风格创作中，奇域 AI 不仅可以协助非遗传承人群生成传统皮影图案，而且能够激发更多创作者的创意灵感，为皮影艺术的创新应用开辟无限可能。

奇域 AI 为人们提供了皮影外观创新的实验平台。比如，用户借助奇域 AI 对经典故事《小老鼠上灯台》进行皮影风格再创作（如图 5-13）。该

---

[1]　奇域 AI［EB/OL］.［2024-11-03］. https://www.qiyuai.net/.

作品的创作采用了透明皮影的视觉效果，且一改传统皮影中常见的偏黄色调，利用浅绿色作为主色调，晶莹剔透的质感革新了皮影视觉效果和色彩运用，给予观众不同的审美体验。奇域AI也可为皮影戏剧本创作提供创新工具。在运用奇域AI绘制皮影的过程中，创作者可就某个细节激发产生的灵感火花进一步构思，创作出现代人视角下的皮影故事。

图5-13　奇域AI《小老鼠上灯台》皮影戏作品[①]

当前，全球性的AI绘图创作平台大多缺失中式美学风格，比如一些知名工具平台虽然功能强大且应用广泛，但其所生成的中式风格作品常常夹带着日式风格的影子，甚至混杂着西式元素，"伪中式"风格作品层出不穷。在人工智能背景下，跨文化传播的重要支撑就是AI创作工具的发展，

---

① 中式美学｜皮影戏《小老鼠上灯台》[EB/OL].（2024-05-15）[2024-11-02］. https://www.xiaohongshu.com/explore/661c942c000000001a00f0a4?xsec_source=pc_feed&note_flow_source=wechat.

第五章 AI在非遗传播与教育中的应用前景

若常用工具平台缺乏对特定文化的深入理解与精准把握，极容易出现文化误读与文化杂糅的现象。而奇域AI等定位于中国文化与中式美学，通过构建专业数据库、开展风格训练，确保生成的作品不只停留在形式上的简单模仿，真正体现中式美学的独特魅力与中国文化的精神内涵。图5-14为某知乎用户利用奇域AI和Midjourney生成作品试验的结果。

图5-14　奇域AI与Midjourney对中式美学理解的对比 [1]

（二）社群互动与灵感共创，构建创新应用的生态系统

奇域AI着力推动国风AI创作生态系统的建构。平台通过社群互动与灵感共创机制，为创作者们搭建了一个集知识共享、经验交流、创意激发于一体的

---

[1] 职道AIGC.小红书涨粉神器，一幅作品获赞3W+，最懂中式美学的AI绘画：奇域AI［EB/OL］.（2024-04-07）［2024-11-03］. https://zhuanlan.zhihu.com/p/690614698.

综合性虚拟社区，帮助用户提高创作水平、提升创作层次，增强平台的凝聚力与活跃度，为中式美学传播、非遗创新应用提供富有活力、创造力的环境。

在社群互动层面，平台页面机制设计可激发用户间的互动热情。当用户在奇域AI频道看到喜欢的作品时，可通过"点亮"作品来表达喜爱之情，同时还能获取作品的创作prompt（提示，引导）。这一机制不仅有效提升了作品的曝光度，而且鼓励用户间的交流互助，营造和谐友好的社区氛围。相关数据显示，奇域AI推出互动"点亮"功能以来，平台用户数量增长40%，日活跃用户数增长35%。可见，通过用户互动和分享机制，可激活社区创作活力，形成用户集聚效应，为国风AI创作生态系统的可持续发展注入动力（见图5-15）。

图5-15 奇域AI的"点亮"功能[①]

---

① 奇域AI［EB/OL］.［2024-11-03］. https://www.qiyuai.net/.

第五章　AI 在非遗传播与教育中的应用前景

奇域 AI 倡导创作者之间的分享与协作，通过灵感共创鼓励用户与他人合作共同创作作品。例如，用户在分享了自己创作的国风作品后，会收到其他用户基于不同视角及专业背景给出的正面反馈和修改建议，且各方创作者可基于此发挥各自优势，共同对作品进行完善，最终合作完成一幅作品。这种合作模式不仅提升了作品的质量与内涵，还促进了创作者群体内部知识、技能与创意的流动与共享，在社区内形成了一个互帮互助、共同成长的创作生态（见图 5-16、图 5-17）。

图 5-16　奇域 AI 共创页面①　　图 5-17　奇域 AI "中式皮影"创作社区②

---

① 奇域 AI［EB/OL］.［2024-11-03］. https://www.qiyuai.net/.
② 奇域 AI［EB/OL］.［2024-11-03］. https://www.qiyuai.net/.

(三)辅助皮影图案绘制,提升创作效率

皮影的制作过程烦琐且耗时长,当前各类应用场景对皮影图案的需求又日益多元化,借助奇域AI辅助皮影图案的绘制,可以减轻非遗传承人群的负担,提高按需创作的效率。在奇域AI平台,用户只需输入清晰明确的指令,便能快速生成与所需内容相近的皮影图案半成品,如交由非遗传承人对其进行把关完善和手工制作,就可协同完成皮影成品制作。这一创新流程将缩短皮影的制作周期,提高创作和生产的效率,不仅可为皮影戏在影视、动漫等文化产品中得到广泛应用提供可能,而且可拓展皮影戏的应用载体与展示平台,让这一传统艺术在数智时代焕发新生。

(四)奇域AI生成皮影戏风格的应用局限

当前技术的局限性还无法完全呈现皮影戏的灵韵。皮影戏作为一种高度依赖手工技艺与匠人精神的艺术形式,其独特的韵味与细节承载着丰富的文化内涵与艺术情感,是历经数代手艺人传承下来所积淀的宝贵特质。尽管AI技术在图像模拟和生成方面取得了长足进步,但皮影戏所特有的细腻情感与动态韵律往往难以被AI完全捕捉与再现。AI技术虽然能够模拟皮影戏的基本元素与风格特征,但对那些蕴含在工匠手工操作中微妙的情感表达、光影变化的细腻处理等深层次的艺术元素,难以进行精准的理解与还原。受限于技术的瓶颈,目前的AI算法和模型尚未完全像人类手艺人一样,从艺术创作的内在情感出发,细腻且自然地呈现出皮影戏的独特韵味,这可能导致AI生成的皮影戏作品在美学呈现上有时会略显生硬,这也是当前AI非遗创作领域普遍需要面对的技术难题。

皮影戏的文化内涵与表演过程是其魅力的重要组成部分,而生成的皮影图案只是其平面化、碎片化的表达。每一个人物、每一场表演,都不仅

仅是简单的视听呈现，背后承载着丰厚的历史故事、民间传说、社会风俗以及价值观念等诸多文化元素，它们相互交织，共同构建起了皮影戏深厚的文化意义网络。然而，AI在创作过程中往往难以深入挖掘与理解这些深层次的文化元素，导致其生成的皮影戏作品仅仅停留在形式上的相似，无法真正传达出皮影戏所蕴含的文化底蕴，作品难以触及观众内心深处的情感共鸣与价值认同，限制了AI皮影作品在文化传承与情感表达方面的潜力。

三、结语

奇域AI等平台致力于中国文化、中式美学的传播，以其数据处理能力、图像生成能力，拓宽了大众接触并了解皮影戏等中华传统艺术的渠道。同时，皮影戏等传统艺术有着深厚的文化底蕴与独特的审美风范，为AI相关应用提供了丰富的素材与风格源泉，也促进了AI相关技术在文化艺术领域的特色化应用与创新性发展。

案例四　傩文化+AI——傩戏焕新的利与弊

一、案例简介

（一）傩戏

傩戏，起源于古代祭祀活动，融合了宗教、戏剧、舞蹈等艺术形式，内容多为驱鬼逐疫、祈福禳灾，展现了浓郁的民俗风情和神秘色彩。表演者戴傩面、身着古朴服饰，通过独特的表演生动再现古人的生活与信仰。

傩戏被认为是研究中国古代社会与信仰的"活化石"。

（二）AI 生成傩戏图片

以社交媒体平台小红书为例，在小红书上输入"傩戏 AI"后，会弹出许多神秘甚至怪诞的画面，随机点开一张图片，大概率会在文案最底部发现"#AI"的话题标签，换而言之，平台中大量涌现的是 AI 生成的傩戏图片（见图 5-18）。自媒体内容创作者还会在评论区分享利用 AI 工具"文生图"的关键词。

图 5-18　小红书"傩戏 AI"部分搜索结果

实际上，小红书等平台近期都涌现出不少利用 AI 进行创作的博主，它已然成为一种艺术创作、文化传播的新趋势。"Joker"便是这类创作者中的一员，2023 年 6 月至 12 月，他分享了数十篇 AI 生成傩戏图片的笔记，最高点赞量达到1300，收藏点赞量比一度超过50%；与"Joker"类似的创作者还有"AIGC皮皮"，在他所有AI创作中，"AI+傩戏"主题的作品收获了最高的点赞量，这一数据充分印证了AI与傩戏结合的创作成果在当前网络传播语境中具有典型性。

"AI+傩戏"，用AI生成傩戏图片，是否构成一个新的创作体系？即AIGC是舞台，背后输入指令的用户是导演，傩戏数据资源库是演员？可见，傩戏等非遗资源为当代艺术创作提供了优质素材，也使其自身焕发可持续的生命力。通过强大的算力和学习能力，AI相关应用为普通用户提供了实现艺术想象、审美追求的工具，"编排"出自己心中的傩戏。

二、"傩文化+AI"案例的正向分析

（一）"傩戏"借AI之势破圈，实现跨文化传播

在AI相关技术的辅助下，传统傩戏正通过二次创作引发年轻人围观，焕发新的活力。比如在博主"Joker"的评论区，最常见的就是将他"二创"生成的傩戏图片用于粉丝继续"三创"的请求，粉丝也常常将"三创"的成果放在评论区，例如展现傩戏的素描、以傩元素为点缀的海报、研究傩文化的文章等。又如博主"AIGC皮皮"的评论区也是同样情形，甚至有外国用户希望借鉴他的提示词。当一串串经由AI创作博主反复调试打磨出的提示以不同的形式分享出去，人工智能即成为非遗元素转化的桥梁，且随着视觉创意的不断深入，创作链条的不断延长，傩文化的生命力也愈发旺盛。借助AI技术与社交媒体，傩文化突破了地域与文化的边界，走向更大舞台。

（二）激发当代人的创意灵感，促进文化创新

AI技术通过强大的算法和数据分析能力，能够生成具有独特创意的傩

文化衍生作品。这些作品不仅保留了傩文化的一些传统元素，还融入了现代审美和创意元素，为傩文化的发展与转化注入了活力。AI通过对大量傩戏图像数据的学习，将传统傩面的图案与现代艺术表现手法相结合，突破传统思维的束缚，创造出既保留傩文化韵味又符合当代视觉审美趋势的新形象，激发了更多人的创意灵感，推动了傩文化自身创新发展的同时，也赋能了当代文化创新。

（三）降低非遗创新应用的门槛，推动全民参与

在当今数字时代，以AIGC为代表的数字技术作为一种推动文化普及与大众参与的工具，通过打破专业壁垒，实现了文化创作权力的下移，促进文化的民主化发展。传统的傩面制作、傩戏创排存在着较高的门槛，往往需要经过长期的专业学习和时间积累，才能掌握其复杂的技艺和表现手法，在很大程度上限制了傩戏及傩文化的传播范围。而AI技术的运用则降低了这一门槛，普通人只需通过简单的文字指令，就能利用AI生成具有傩文化元素、风格的作品。公众亲自参与傩文化的衍生创作过程，能够更加深入地了解傩文化的内涵与魅力。这种全民参与的创作方式不仅丰富了傩文化的表现形式，还增强了公众对傩文化的认同感和归属感。用户在接收到符合自身兴趣的傩文化内容时，更有可能深入了解、主动分享，进一步扩大傩文化的影响力。

三、从"AI生傩"到"AI活傩"

在新兴技术与传统文化深度交融的背景下，并非所有人都对"AI生傩"持认同态度。比如博主"Joker"的评论区也存在着一种呼声很高的质疑："AI生成的傩图片根本不是真正的傩文化"，他们认为"AI生傩"污染了傩文化的语料库，误导了不了解傩文化的"圈外人"。因而，亟须厘清"文化

再创作"与"文化传承"的界限，防止内容混同带来的弊端。

基于此，傩戏这一古老艺术形式的传承正面临新的机遇与挑战。傩戏的传承有自身的规律性和原则性，目前的"AI生傩"只是利用简单的、试错性的语言描述接触和利用傩文化，但随着公众对傩文化关注度的不断提升，加之相关专业力量的积极参与，促进傩文化的数据库与相关算法深度结合，AI有望实现从基于表面模仿到深度理解傩文化内涵的创作转变，即从"AI生傩"蜕变为"AI活傩"。而"AI活傩"意味着AI生成的作品能够挖掘甚至丰富傩文化的内涵，反向赋能傩文化，增强其在当代社会的适应性与生命力，从而形成傩文化传承与创新的良性循环。

随着技术的不断发展，AI在傩戏创作中的应用将越来越广泛。因此，应积极引入更先进的算法和模型，使AI能够更好地理解和表达傩文化的精髓和特色，为傩文化的传承和发展提供更多可能性。此外，傩文化蕴含着丰富的文化经济价值，其独特的艺术魅力、文化内涵及历史底蕴都具备合理转化为经济收益的潜力。而傩文化的传承和发展离不开资金的支持，因此应积极探索行之有效的商业化模式，通过市场化运作实现傩文化的可持续发展。例如，可以将AI生成的傩戏衍生作品用于文化旅游开发、文创产品设计等领域，通过商业化运作实现经济效益和社会效益的双赢。

四、结语

通过AI技术再现和活化傩戏，不仅是现代科技在传统文化领域的生动实践，更是非物质文化遗产传承与创新在数字化时代的必然要求。这些AIGC创作者利用人工智能相关技术，赋予古老傩戏全新的表现形式，使其在当代文化语境中焕发出新的生机与活力，为傩文化的传承与发展开辟了新的可能。

然而，在积极拥抱技术变革推动文化创新的同时，我们必须清醒地认识到，要实现真正意义上的傩文化守正创新绝非仅仅依靠技术手段，更需深深扎根于对文化本源的深刻理解之中，坚守文化的核心价值与精神内涵，遵循非遗传承的内在规律。只有在技术创新与文化坚守之间达成平衡，傩戏这一古老的艺术形式才能在现代化浪潮中稳健前行，在岁月的长河中历久弥新。

第六章　AI 在非遗活态传承中的应用潜力与风险

在全球化与信息化交织并进的21世纪，非物质文化遗产作为国家文化软实力的构成要素，承载着民族精神与历史智慧，是人类文化多样性的重要体现。与此同时，许多非遗也在快节奏的现代生活中逐渐失去活态传承的土壤，面临濒危风险。在此背景下，人工智能技术的蓬勃兴起是否可为非遗的活态传承开辟新的路径？有观点认为：AI不仅有望成为连接过去与未来的桥梁，重振文化根基，还是重塑文化自信、应对时代挑战的战略选择。①

非物质文化遗产形态多元、门类庞杂，既包括口头传统及传统音乐、舞蹈、戏剧、曲艺等表演艺术，又包括传统工艺技艺，还有节庆仪式等传统文化活动，因而AI在不同门类非遗本体传承中应用的维度也是多元、复杂的，从已有案例可看到，人工智能的合理应用可为一些非遗门类活态传

---

① 李志榕，苏家玉. AIGC 技术驱动下的非遗文化传承战略探究［J］. 创意设计源，2024（5）：23-28.

承提供正向动力因素，但也需要注意对非遗稳定传承的潜在影响。比如，AI生成技术的广泛应用可能会对某些门类非遗传承人的主体地位构成挑战，引发关于作品原创性与归属权的争议，进而扰乱非遗传承的传统秩序与伦理规范。又如，非遗传承的不仅仅是工艺技艺与表现形式，更重要的是其中蕴含的民族精神、历史记忆与情感纽带，过度依赖AI技术可能导致非遗传承过程中人文精神与情感内涵的缺失。为了确保非遗本体的稳定传承和持续发展，应明确AI相关技术旨在辅助人的活态传承，而非取代传承实践的伦理原则。

第一节　AI可承担大量辅助传承的工种

非物质文化遗产的传承发展需要适应现代社会，因而过程中需要大量辅助传承的工种助益。其一，在传统戏曲等表演艺术中，"服化道"是不可或缺的元素，它们不仅关乎表演的视觉效果，更是文化传承的重要载体。精美的服饰能够更贴合角色形象，细腻的妆容有助于塑造人物性格，而契合剧情的道具则能增强舞台的整体表现力。然而，传统的"服化道"设计往往受限于设计师的经验和创意，专业舞美设计人才较为稀缺，AI技术的引入，为"服化道"的改良和提升带来了新的机遇。通过深度学习和图像识别技术，AI可以分析大量资料和现代设计元素，为设计师提供灵感来源和设计建议。此外，AI还可以根据传统戏曲的服饰特点，结合现代审美趋势，生成新的服饰、道具、布景等设计方案，使得整个表演更加符合现代观众的审美需求。

其二，传统手工艺因其独特的文化内涵和工艺价值而受到人们的喜爱。然而，设计传统和营销渠道单一导致手工艺产品难以在市场中脱颖而

第六章　AI在非遗活态传承中的应用潜力与风险

出。随着生成对抗网络、变分自编码器（VAEs）等前沿生成算法的涌现，人工智能在视觉设计领域的潜力被进一步挖掘。这些算法不仅具备强大的生成能力，还能根据特定的输入条件或约束条件，自动生成更符合要求的设计作品。在手工艺产品视觉设计中，设计师可以设定一系列相关的设计参数或风格指南，然后让算法自动生成更丰富的前期设计参考素材。这些方案不仅数量众多，而且风格各异，为设计师提供了更广阔的创作空间。目前已有相关企业将借助AIGC设计的产品投入生产，如万事利设立了"万事利AIGC实验室"，将AIGC图形创意生成技术与GBART数字化绿色印染技术应用于传统丝绸工艺产品设计与生产。[1] 此外，通过调整算法的参数或融合不同的风格元素，设计师还可以实现手工艺产品的多样化和个性化定制。[2]

同时，AI还可以分析消费者的喜好和购买行为，提供更加精准营销策略分析。通过AI技术，可以深度挖掘并分析消费者的行为数据、偏好趋势及情感反馈，为非遗产品的视觉设计提供精准指导。首先，AI能收集并整理来自各个渠道的海量消费者数据，包括社交媒体互动、电商平台浏览记录、购买历史等，构建出详尽的消费者画像。这些画像不仅揭示了消费者的基本属性，还展现了他们的审美偏好、文化认同及消费动机。其次，利用大数据分析技术，AI能识别出消费者对非遗产品的共同兴趣点与差异化需求。例如，一些消费者可能偏爱传统与现代融合的设计风格，一些消费者则更青睐原汁原味的非遗元素。基于这些洞察，设

---

[1] 一条丝巾从设计生产到实物最快仅需1小时 万事利丝绸AI"未来工厂"炫酷亮相丝博会［EB/OL］.（2023-06-11）［2024-04-01］. https://www.wensli.com/News/Detail?id=2081.

[2] 曹茜. 人工智能融入非遗文创产品视觉设计策略研究［J］. 天工，2024（31）：47-49.

计师可以针对性地调整视觉设计策略，确保产品既能传承非遗的精髓，又能满足消费者的个性化需求。最后，AI还能通过实时反馈机制，不断优化非遗文创产品的视觉设计方案。通过收集消费者的反馈意见和购买行为数据，AI可以快速评估设计效果，并给出改进建议。这种迭代优化的过程，使得非遗产品的视觉设计能持续进化，更加贴近消费者的期望与需求。[①]

由中国AIGC产业联盟联合无界AI发布的《中国AIGC文生图产业白皮书2023》也提到，AIGC会通过模型的力量重塑"传统美学"的"现代影响"，其中最为显著的便是电商场景。AIGC通过模型力量，重塑传统工艺在电商中的应用，加速了年轻群体对传统文化的关注与认可，进而得以以电商零售的方式快速变现。在电商场景中，AIGC的应用尤为显著。通过AIGC技术，传统工艺产品可以被赋予新的生命和活力。例如，AIGC工具能根据非遗项目的特点，生成吸引人的宣传文案、精美的海报、短视频等营销素材，使得传统工艺产品在电商平台上更加吸引眼球。这不仅加速了年轻群体对"非遗"文化的关注与认可，还使得传统工艺产品能够以电商零售的方式快速变现，从而实现非遗项目的活态传承和可持续发展。

然而，人工智能在承担辅助传承工种时也面临着诸多挑战。一方面，如何确保生成的设计作品既能准确传达非遗的精神内涵，又能展现出创新性和美感，是一个需要不断探索和解决的问题。这要求设计师不仅要具备深厚的文化底蕴和敏锐的审美眼光，还要熟悉人工智能算法的工作原理和调优方法。另一方面，虽然人工智能具备强大的生成能力，但其自主性和创造性仍然有限。在设计过程中，设计师的参与和指导仍然是不可或缺

---

① 曹茜.人工智能融入非遗文创产品视觉设计策略研究[J].天工，2024（31）：47-49.

第六章　AI 在非遗活态传承中的应用潜力与风险

的。他们需要综合根据设计目标、市场需求、工艺要求、成本控制等现实因素，对算法生成的设计方案进行更精准的筛选、调整和完善，以确保最终的设计作品满足消费者的审美需求。①

第二节　AI 生成对非遗传承秩序的影响

联合国教科文组织在《人工智能伦理问题建议书》(简称《建议书》)中明确指出：人工智能可能对人类文化多样性和多元化产生负面影响，需要就AI对社会、文化等的影响开展持续评估，在发展人工智能技术的同时铭记保护文化多样性、保护文化遗产的重要性。

与视觉艺术相关的非遗门类包括有传统美术、传统技艺等，这些非遗项目在AI技术广泛应用后将最先面临较大冲击。原来由人工完成的图样设计、绘制环节可能由AI生成所替代。当前，AI相关应用可生成许多较为大众的传统手工艺图样，而在学习某项特定传统手工艺项目相关数据后也可按需生成与原艺术样式相对匹配的新图样，用于作品创作与产品设计。比如，AI绘画软件MidJourney在输入相关提示词后可大量生成木雕、刺绣、剪纸艺术等样式的龙图样，且生成的图样具有一定的传统工艺技法细节，如图6-1所示。目前已经有AI驱动的设计平台开始基于特定非遗项目的数字内容训练模型。比如，造物云在Civitai平台开源了许多中国传统文化类模型，如珐琅彩、苏绣、瓷板画模型等，如图6-2所示，这些模型可提供大量非遗项目相关产品和作品图样。

---

① 曹茜.人工智能融入非遗文创产品视觉设计策略研究[J].天工，2024 (31)：47-49.

图6-1 AI绘画软件Midjourney生成的多项非遗技艺图样

图6-2 造物云在Civitai平台开源多个非遗类模型

非遗相关知识产权争议将会进一步复杂化。当前,非遗领域知识产权争议、非遗传承人相关权益保障问题层出不穷,而在AI介入后将会进一步复杂化。比如,传统戏剧、曲艺等表演类非遗传承人可能面临声音权被侵害风险。《建议书》中也列举了AI对语言和表达的深度影响,提出要警惕减少使用自然语言可能导致濒危语言、地方方言以及与人类语言和表达有关的语音和文化差异的消失。

第六章　AI在非遗活态传承中的应用潜力与风险

一方面，AI生成的作品可能会对非遗传承人的知识产权与创作主体地位产生冲击。在传统的非遗传承模式下，传承人基于长期积累的技艺创作作品并通过个人风格赋予其独特性，同时享有相应的知识产权与声誉。然而，AI生成作品的出现使得作品的创作来源变得模糊。例如，AI可以根据大量已有的剪纸图案数据生成新的剪纸样式，这些样式可能在风格上与某位传承人的作品相似，但却并非传承人亲手创作，这就容易引发关于作品原创性与归属权的争议，对传统的创作秩序构成挑战。

另一方面，AI生成内容在传播过程中可能会扰乱非遗传承的文化脉络与信息传递的准确性。由于AI算法在生成内容时主要依据数据的统计规律与模式匹配，可能会出现对"非遗"文化内涵的误读与歪曲。智能生成内容与原文化形态存在分歧，存在误导认知、污染语料库等负面影响。因此，要警惕生成内容对非遗保护研究数据的污染。以皮影戏为例，AI生成的皮影戏故事可能会因为对历史背景、文化寓意理解的偏差，而传达出与传统皮影戏相悖的价值观或情节内容。这种不准确的信息在网络传播环境下可能会迅速扩散，误导广大受众尤其是年轻群体对"非遗"文化的认知，破坏非遗传承中文化内涵的准确性与完整性。又如，多位自媒体博主生成的各地傩戏图片视觉冲击力大，获得诸多关注，但知情者的评价能反映多方面的问题，包括有"AI生成的傩图根本不是真正的傩文化""AI生傩污染了傩文化的语料库"等。传统文化事项与生成艺术创作的规范化区分是解决这一问题的重要手段。2023年，我国相关部门制定了《网络安全标准实践指南——生成式人工智能服务内容标识方法》，但内容标识方法还未广泛普及，当前尚未得到规范执行。

再者，AI可能影响一些非遗门类相对稳定的传承状况。对于传统美术、传统技艺类非物质文化遗产的传承与发展而言，AI生成图样是一把"双刃剑"，也可能会引发使用者在艺术创作环节产生对生成模型的依赖，从而造成创作积极性下降，使得这些非遗技艺逐渐失去自发创新的动力。AI生成内容的大量涌现可能会改变非遗传承的传统生态与市场格局。AI生成图样与精密机械控制相衔接后予以投产，会对手工制作的非遗作品和产品造成冲击。进一步推测，随着AI生成图样的逐步完善，机制的一般产品与传统手工艺作品的区分度、辨识度将进一步降低，AI生成的非遗相关产品或作品可能会以较低的成本大量生产与传播，对传统非遗传承人手工制作的产品造成竞争压力，那么这些非遗制成品的消费需求就会相应减少，从而使部分传统手工艺品制作人的生计受到影响，影响到非遗传承的人才培养环境，改变非遗传承中传统的师徒传承、家族传承等模式所依赖的经济与社会生态。此外，造假行为也将相应增加，对应非遗项目的市场价值有可能被消解。因而，需要设法规避AI生成与机械自动化联动后对非遗手工传承秩序的直接影响。

第三节　AI在非遗虚拟化传承中的应用

在AI相关技术的辅助下，本书相关章节中论述的非遗虚拟化传承将取得突破性进展。其一，虚拟数字人为非物质文化遗产的虚拟化传承开拓新的维度。虚拟数字人是通过计算机图形学、动作捕捉、图形渲染、深度学习、语音合成、人工智能等前沿科技开发设计的，具有"人"的外形、表情、语言、行为且可交互的虚拟形象。以虚拟数字人角色为中心的故事体系构建是具有巨大发展潜力的新方向，尤其是其高度的互动性、可控性、人格化特征，能够弥合传统技术格局下出现的非物质文化遗产因时空差异而客观存在的"落差"，科学技术可以将非物质文化遗产的形态和内容转换为呈现形式多样化、感官多维化的数字化叙事场景，从而提升应用效果。

第六章　AI在非遗活态传承中的应用潜力与风险

人工智能在学习效率和逻辑排序方面有很强的优势。一方面，人工智能可以短时间内掌握大量的原始数据，将结构凌乱的数据串联起来，根据不同文化环境下受众的具体需求，灵活改变知识输出模式，辅助各类虚拟化教学实践。另一方面，人工智能可以突破不同语言的理解障碍，在各种语境下实现流畅的翻译交流。[①]以"敦煌飞天"为蓝本打造的虚拟数字人"天妤"为例，"天妤"不仅能"说"会"演"，还可以线上互动。基于"天妤"的跨媒介叙事实践探索的相关系列短剧，如《千壁寻踪》等也得到广大网民的喜爱。短剧中数字虚拟人"天妤"惟妙惟肖的展示，搭建了深度沉浸式的文化叙事空间，让不同年龄层、不同文化背景的观众全方位、直观地感受到文化遗产的深厚内涵。[②]

在虚拟现实与增强现实技术领域，AI可以为非遗的虚拟体验实践提供强大支持。AI可以助力打造虚拟博物馆和虚拟展览，全方位呈现"非遗"文化的多样面貌，涵盖传统手工艺、民俗庆典、仪式习俗等丰富内容。以徽州古民居为例，利用AI驱动的VR技术，用户可以身临其境地走进虚拟的徽州古民居建筑内部，看到其独特的空间布局、精美的木雕、砖雕、石雕艺术以及感受传统的居住文化氛围。AI能够根据用户的视角变化、动作交互等实时生成逼真的光影效果、材质质感变化以及环境音效，让用户仿佛置身于真实的古民居场景中。

此外，AI还能够助力非遗在网络虚拟社区中的传承与传播。AI可以根据用户的兴趣偏好、浏览历史以及互动行为等数据，构建高度个性化的非遗交流社区。

[①] 李韵如.人工智能背景下非物质文化遗产情感化展示设计研究［J］.设计，2022，35（24）：133-135.

[②] 常宏.虚拟数字人在非遗传承发展中的应用［J］.人民论坛，2024（2）：103-105.

案例一 让千年苏绣活起来——借助AI绘画创造苏绣图样

一、案例简介

（一）苏绣

苏绣为苏州刺绣的简称，其历史悠久，以产地命名，曾广泛分布于江苏省苏州市城乡各处。明清时期，苏绣业尤为鼎盛，苏州被誉为"绣市"。当代，苏绣业一度萎缩，主要集中在市区和高新区东渚镇、镇湖街道一带。自明代以来，苏绣大师辈出，流派纷呈，主要有传统细绣、沈寿所创的"仿真绣"、杨守玉所创的"乱针绣"等，这些流派具有完整系统的技艺法理，既承载着传统的书画韵味，又彰显了浓厚的地方特色。

苏绣以其精湛的针法、细腻的绣工，展现了中国传统工艺美术的独特魅力，其独特的艺术风格和技法传承，是中华民族非遗大观园中的瑰宝（见图6-3）。苏绣作为苏州地区最具代表性的工艺美术形式之一，对工艺美术史、民俗学和女性学等学科的研究具有重要价值。[①]

---

① 苏绣［EB/OL］.［2024-11-02］. https://www.ihchina.cn/project_details/13978/.

第六章　AI在非遗活态传承中的应用潜力与风险

图6-3　苏绣[①]

（二）借助AI绘画创造苏绣图样

传统书画等是苏绣的重要图样来源，而当前，有的刺绣传承人开始探索AI绘画，成为苏绣新的图案来源。上海市嘉定区的90后传承人阿紫开始用AI生成绣花花样，还在直播间里为年轻人讲解苏绣技巧[②]，本书将对这一案例展开分析。

阿紫，本名陈碧娴，是上海市嘉定区苏绣非物质文化遗产代表性传承人。她自幼学习苏绣技艺，拥有24年刺绣和5年缂丝的经验。她曾说："紫字上下拆开看，是'此'与'系'。此处系有丝，这就是我的职业——苏绣。"阿紫在学习传承传统技艺的同时，积极探索AI技术在苏绣创作中的应用，她在AI设计图样方面取得了一定成效（见图6-4）。

---

① 中国四大名绣之苏绣［EB/OL］.（2017-09-26）［2024-11-02］. https://www.sohu.com/a/194691684_748302.

② 陈嘉音.90后绣娘陈碧娴：让"千年苏绣"活起来［EB/OL］.（2024-01-03）［2024-11-02］. http://www.why.com.cn/wx/article/2024/01/03/17042439331046602892.html.

图6-4 传承人展示苏绣作品①

在筹备第六届中国国际进口博览会期间,她希望绣制一幅与嘉定相关的作品。嘉定被誉为"汽车城"且正在发展航天事业,再加上2024年上海汽车文化节举办地点在嘉定区的马陆镇,她便计划结合这些元素创作一幅苏绣作品。在创作初期,她发现AI画马技术尚不成熟,马的肌肉纹理与光影走向都不够细致。于是,在AI设计稿的基础上,她和团队花费大量时间进行修改,并找到雕塑老师帮忙勾勒马的肌肉纹理。最终,这幅刺绣作品耗时半年完成,她还把相关信息输入相关AI应用,由AI为作品起了一个浪漫的名字——守人间烟火,望宇宙阑珊(见图6-5)。②

---

① 新民晚报.国风·追风者 | "90后"坚守苏绣非遗传承:我是手艺人,亦是守艺人[EB/OL].(2024-08-19)[2024-11-02]. https://baijiahao.baidu.com/s?id=1807616201668040515&wfr=spider&for=pc.

② 非遗跨界正"破圈"[EB/OL].(2024-06-08)[2024-11-02]. https://baijiahao.baidu.com/s?id=1801299674209133600&wfr=spider&for=pc.

第六章　AI在非遗活态传承中的应用潜力与风险

图6-5　传承人绣制《守人间烟火，望宇宙阑珊》[①]

通过AI绘画与人工修改的结合，她成功创作了一系列人机合作的苏绣作品，为苏绣技艺的创造性转化、创新性发展开辟了新的路径，展现了非遗艺术与现代科技融合的无限可能。

二、AI绘画创造苏绣图样的主要特点

在该案例中，AI在苏绣技艺的传承与创新中扮演工具与媒介作用，通过人机协作的方式将AI技术融入苏绣创作流程，为这一传统技艺注入了新的可能性。AI可为苏绣创作提供丰富的创意素材，使得苏绣在保持其独特韵味的同时展现出多元、时尚甚至前卫的艺术风貌，对同类非遗项目的创新传承具有参考借鉴意义。

[①] 杨育杰.体验人数超3万！看嘉定"90后"绣娘如何跨界出圈［EB/OL］.（2024-02-21）［2024-11-02］. https://sghexport.shobserver.com/html/baijiahao/2024/02/21/1259037.html.

（一）AI 辅助设计：提供创意起点，激发创新潜能

该案例将AI辅助设计融入了苏绣作品的创作中。以作品《守人间烟火，望宇宙阑珊》为例，传承人阿紫在创作时运用了AI绘图工具，将所需元素——汽车、航天器以及马匹等作为创意要素，生成了一系列丰富多样且富有想象力的初步画稿。这些画稿虽在细节处理上略显粗糙，但它们为图样进一步的创作提供了丰富的视觉参考与创意起点（见图6-6）。

这一过程充分彰显了AI在相关产业领域内的设计潜能。对于AI绘画技术的有效利用可以帮助创作者将原本冗长的设计周期大幅缩短，更重要的是，AI为创作者提供了创意起点，打破思路的限制，帮助其摆脱传统束缚，充分激发创作者在领域内的设计潜能。同时，AI辅助设计草稿也帮助创作者在传承与创新之间找到了平衡点，将传统苏绣图样与当代审美风格巧妙结合，以更加自由与大胆的笔触推动传统苏绣技艺焕发出新的生机与活力。

图6-6　AI+人工苏绣作品《守人间烟火，望宇宙阑珊》[①]

---

① 瞭望东方周刊.缂丝团扇、三彩腕表、苏绣AI……非遗跨界正"破圈"［EB/OL］.（2024-06-08）［2024-11-02］. https://finance.sina.com.cn/jjxw/2024-06-08/doc-inaxzxnv5577748.shtml.

第六章　AI在非遗活态传承中的应用潜力与风险

（二）"人机协作"模式：深度优化作品，提升作品精度

针对AI画稿存在的缺陷，如骏马的肌肉纹理等较为具体生动的细节处理不佳等问题，传承人阿紫及其团队在AI草稿的基础上进行细致的人工调整与优化。通过一次次修改关键词、跑图，邀请设计师兼合伙人李唯一针对各类细节进行修改完善，以确保最终图样的准确性与艺术性（见图6-7）。画面中，地上跑着国产汽车帕萨特，天上飞着长征五号火箭，一匹骏马则在画面中央飞腾而起，奔向硕大的月球，背景是浩瀚星河。经过不断的沟通与协作，苏绣设计稿从最初略显粗糙的AI设计转变为最终呈现出的精美作品。这种"人机协作"的模式不仅彰显了AI技术在艺术创作中的辅助效能，而且凸显了人类在刺绣艺术创作中的独特价值及不可替代性。

图6-7　案例中的传承人与设计师[①]

---

① 杨育杰.体验人数超3万！看嘉定"90后"绣娘如何跨界出圈［EB/OL］.（2024-02-21）［2024-11-02］.https://sghexport.shobserver.com/html/baijiahao/2024/02/21/1259037.html.

除了上述作品，传承人阿紫还在创作过程中持续深化AI技术与苏绣技艺的融合探索。她绣制的另一幅"人机协作"作品《姚黄牡丹》（见图6-8），进一步融合了AI设计与个人技艺及创意，她利用丝线反光折射的特点创造光影视觉效果，绣制出在夜间盛放、光影交织、立体生动的牡丹，丰富了苏绣的表现手法与观赏价值。

图6-8　AI+人工苏绣作品《姚黄牡丹》[①]

人工智能时代艺术创作进入了新的阶段，"人机协作"模式通过将人工智能的高效计算与人类匠师的精湛技艺深度融合，促使作品创作在质量与效率上均实现了新的飞跃。AI以其强大的数据分析、素材获取能力，为创作者提供灵感源泉，为作品提供初步框架。而人类艺术家则在AI设计的

---

① 瞭望东方周刊.缂丝团扇、三彩腕表、苏绣AI……非遗跨界正"破圈"［EB/OL］.（2024-06-08）［2024-11-02］. https://finance.sina.com.cn/jjxw/2024-06-08/doc-inaxzxnv5577748.shtml.

基础上，凭借超出人工智能所拥有的对材质、色彩与情感的深刻理解，投入精力进行细致入微的调整与优化。此类"人机协作"的深度融合作业模式，不仅提升了艺术作品的创作效率与精度、细腻度，更让每一件作品都蕴含着科技与人文的双重魅力，展现了"人机协作"模式在推动艺术创新与发展中的无限潜力。

（三）AI 赋能一针一线，串起文化交流平台

在该案例中，传承人借助 AI 技术进行辅助设计，并结合人工力量完善草图，凭借自己独到的艺术眼光和精湛的手艺，赋予了苏绣全新的活力。通过 AI 技术运用，陈碧娴成功将苏绣这一非遗项目与现代技术、现代风格相融合，使得苏绣这一耀眼的文化瑰宝能够被更多人认识和欣赏。更多尚未被绣针穿引过的新题材也在"呼唤"着刺绣传承人们，将更多视觉元素与苏绣技法相结合。

传承人的 AI 苏绣图样作品无不以中华文化元素为中心，诸如雍容华贵的牡丹、奔腾矫健的骏马等，都彰显着中华传统文化的魅力。通过创新传承传播，如今传承人的工作室不仅吸引了本地学员，还有来自异国他乡、远道而来的外国学员；更多作品在中国国际进口博览会、中国旅游产业博览会等国际性、全国性平台展出，展现了传统艺术与现代技术交织的魅力。

三、结语

"人机协作"的苏绣图样创作模式，展现了 AI 技术在提升设计效率、拓宽创意素材边界以及辅助艺术创作方面的潜能，为非物质文化遗产的创新发展提供了借鉴经验。在"AI+苏绣"的创作模式产生后，业内需要深入思考如何在发挥 AI 技术优势的同时，保留这一传统艺术的人文关怀和情

感表达，实现艺术价值的最大化，为艺术审美评价体系在新的技术文化语境下的重构提供参考。在面对AI新技术带来的创作模式变革时，需要不断地适应新的非遗传承、发展关系，保障文化传承与创新在合法合规的框架内有序进行。

案例二　AI织影，蜀绣蜀锦焕新颜——蜀菁文化的AI新锦绣

一、案例简介

（一）蜀绣与蜀锦

蜀绣，又称川绣，与苏绣、湘绣、粤绣齐名，为中国"四大名绣"之一，是在丝绸或其他织物上采用蚕丝线绣制花纹图案的中国传统工艺。蜀绣以软缎、彩丝为主要原料，针法丰富多样，包括12大类122种。蜀绣针法严谨、针脚平齐、变化丰富、形象生动且富有立体感。作为中国刺绣传承历史最长的绣种之一，蜀绣以其明丽清秀的色彩和精湛细腻的针法形成了自身的独特韵味。蜀锦，与南京的云锦、苏州的宋锦、广西的壮锦并称为中国的"四大名锦"，采用先彩条后锦群的制作方式，以方形、条形、几何骨架添花为特色，纹样对称，四方连续，色调鲜艳，对比性强，是一种具有汉民族特色和地方风格的多彩织锦。

2006年，蜀绣和蜀锦织造技艺均被列入了第一批国家级非物质文化遗产名录。蜀绣、蜀锦自古便是天府财富与智慧的象征，是巴蜀民众在长期生产生活实践中创造出的文化结晶，独特的图案、色彩与工艺技法无不

第六章 AI在非遗活态传承中的应用潜力与风险

传递着特定的文化价值观与社会记忆，反映着巴蜀人民丰富的情感和审美追求。

但因为技术更替、社会转型、经济全球化等客观原因和其自身制作周期长、技艺难度高、传承人老龄化严重等问题，导致其曾一度陷入难以为继的困境。近年来经过保护和发展，截至2024年，蜀绣行业在成都共有8家企业，国家级非遗代表性传承人2名，省级非遗代表性传承人2名，技能大师工作室1个。即便如此，当前蜀绣蜀锦行业仍然存在产业链条分散、经营规模较小、应用场景不足等问题（见图6-9）。

图6-9 蜀绣在大运村引领时尚潮流[①]

（二）AI新锦绣

AI新锦绣系列产品，是四川蜀菁文化传播有限公司（蜀菁馆）专注纹样智能化研发，将人工智能滤镜技术与传统蜀锦蜀绣工艺相结合，进行创

[①] 度看四川.天府融媒看大运｜蜀绣在大运村里引领时尚潮流［EB/OL］.（2023-08-02）［2024-03-01］. https://baijiahao.baidu.com/s?id=1773105930089517338&wfr=spider&for=pc.

新性尝试的成果。该系列产品自2016年开始投入实验，从初期的熊猫造型工艺品逐步拓展至高跟鞋、围巾等实用品，均获得了消费者较好的反响。图片处理技术与蜀锦蜀绣的深度融合，在锦绣的布局规划、色彩搭配、图案简化、时尚元素融入等方面积累了独到经验，为传统手工艺类非遗的图案设计与创新转型提供了新的思路（见图6-10）。

图6-10　根据AI滤镜生成纹样进行织锦刺绣[①]

蜀菁文化的AI新锦绣产品借助"图生图"技术，依托图像识别和处理技术，使实物摄影照片在AI滤镜的加工后，转化为可直接应用于织造的锦绣纹样。照片的蜀锦风格化处理赋予每位用户获得个性化蜀绣产品的可能，人人均能成为纹样图案的设计师。通过AI滤镜的精准运用，AI新锦绣系列产品在传承与创新之间达成了平衡，既保留了蜀锦蜀绣的独特风

[①] 格调传承｜AI新锦绣，绣不尽的芳华［EB/OL］.（2022-05-24）［2024-11-02］. https://mp.weixin.qq.com/s/PxVsneYGNwF16zoyoO1D4A.

第六章 AI在非遗活态传承中的应用潜力与风险

格,又在图案样式与题材选择等方面生发出更多可能性,使其能够更好地适应现代社会的消费需求与审美趋势变化,拓展生存空间,让传统手工艺焕发出新的生机与活力(见图6-11)。

图6-11 根据AI滤镜生成纹样进行织锦刺绣[①]

二、AI新锦绣的创新设计与传播策略

AI新锦绣这一案例并非简单地将AI相关技术应用于图像生成,而是将AI应用带来的成效贯穿于图像处理、个性定制、营销拓展及衍生开发的全链条创新策略之中,从生产、传播等各个环节满足用户的多元化需求。

---

① 格调传承 | AI新锦绣,绣不尽的芳华[EB/OL].(2022-05-24)[2024-11-02]. https://mp.weixin.qq.com/s/PxVsneYGNwF16zoyoO1D4A.

(一)智绘蜀锦新韵：AI 图像处理技术引领纹样设计创新浪潮

AI新锦绣在传统蜀绣蜀锦工艺产品的设计阶段，引入人工智能图像处理技术，使用"摄影作品+AI滤镜"形成兼具东西方艺术风格的各类画稿，再筛选出适合锦绣工艺的图案展开工艺设计；制作过程则融合蜀绣、蜀锦两种不同的工艺形态，先织出蜀锦，再进行手工刺绣。

蜀菁文化团队主要采用Prisma软件的AI滤镜等图像风格转换软件，综合应用国内外普及较广的AI图像生成软件，构建了一套完整的图像获取与处理流程。具体而言，先收集手机相机拍摄的原始图像，进而利用图片制作相关技术对图像进行背景、主体的精细区分。背景部分通过AI相关软件进行抽象化、变形化处理，使风格更加多元，打造平面3D的视觉效果；主体部分则不做上述的风格变化，以细腻、真实为主，用于体现手工刺绣的精髓。在工艺呈现上，背景用蜀锦工艺实现工业化生产，但保留其经纬共采的核心特征；主体部分则运用蜀绣工艺，基于传统针法手工绣制在蜀锦上，以追求细腻写实的效果。

运用上述先进技术及操作流程，早期时，蜀菁文化主要选择巴蜀地区的吉祥物熊猫作为创作主题，创作了世界上第一幅人工智能锦绣作品《中国宝贝》(见图6-12)。2020年，又有20幅以大熊猫为题材且艺术风格各异的AI锦绣作品面市。这种创新的设计模式打破了传统蜀绣蜀锦作品/产品纹样设计的局限性，借助AI相关技术的强大图像生成与处理能力，实现了蜀绣蜀锦艺术风格的融合与创新，拓宽了设计素材与灵感的来源渠道，为传统手工艺的纹样设计带来了新的设计语言与表现形式，提升了设计的效率与创意。

第六章　AI在非遗活态传承中的应用潜力与风险

图6-12　AI新锦绣2020系列熊猫[①]

（二）定制艺术新纪元：AI图生图技术下的个性化叙事构建

蜀菁文化初期主要面向博物馆和私人收藏家等特定市场群体，采取高端定制路线。在个性化小工业模式潮流的影响下，蜀菁文化积极调整市场策略，在AI赋能设计的助力下将产品的触角延伸至更广阔的消费群体。随着智能手机的普及与图像获取手段的简化，再结合AI技术的加持，使得公众期望参与到艺术创作中。可以说，当代人对自我表达、个性化创作的需求促使AI应用与定制模式联动起来。

目前，蜀菁文化的互联网定制体系主要通过"监控系统平台的服务+微

---

① 格调传承｜AI新锦绣，绣不尽的芳华［EB/OL］.（2022-05-24）［2024-11-02］. https://mp.weixin.qq.com/s/PxVsneYGNwF16zoyoO1D4A.

117

信等主流通信媒体平台"的模式来实现：顾客提供主体、背景图片，用AI相关技术进行图案设计，且能够选择不同的AI呈现方式和生成形态。选定设计方案后，将背景部分织成蜀锦，而主体部分则保留纯手工，以蜀绣方式呈现。参与蜀绣制作的人员既包括国家级工艺美术大师，也包括经过培训的残障人士、下岗职工等，从而实现了不同定制价位的多元化选择。

这种个性化定制体系满足了现代消费者对于个性化、独特性文化产品的消费需求，使消费者从单纯的购买者转变为创作参与者，增强了消费者与锦绣作品之间的情感互动与文化认同，提升了文化消费的体验感与附加值。

（三）销路拓宽与衍生开发：传统手工艺消费模式的革新

大众对于手工锦绣的劳动力价值认识是不足的，加之机绣与全球劳动力差价对中国本土手工艺产品造成冲击，导致传统手工艺成品销售面临困境。而人工智能相关技术拓宽了传统手工艺在当下和未来的生存空间。一方面，AI滤镜技术在新锦绣系列产品中的应用极大地丰富了创作内容，图案的智能化生成省去了绘画环节，大大降低了劳动力成本。另一方面，随着互联网定制体系的不断完善，人们对自我实现、自主创作的需求将进一步放大定制类、体验类等消费热点。这一热点叠加传统手工艺的文化价值，通过互联网的跨地域销售，将促进传统手工艺品市场在供给侧与需求侧的结构优化与升级。

新锦绣不仅仅是艺术收藏品，蜀菁文化开始把蜀锦蜀绣"从相框里拿出来"，通过大量调研与探索，逐步向实用品类转型，回归生活。首先是从鞋类产品入手，他们将AIGC纹样设计与手工制鞋技术结合，成功打造了首批AI新锦绣步步生花鞋（莲荷系列）。绣娘们将生动水灵的莲荷绣在

第六章　AI在非遗活态传承中的应用潜力与风险

鞋面上，相较于一双双现代机械化批量生产的鞋，"步步生花鞋"更有人文温度，更具艺术生命力（见图6-13）。2022年底，蜀菁文化又开始尝试推出新锦绣围巾，制作了自在飞花轻似梦系列，将花卉通过AI技术进行平面3D变形处理，与丝绸的轻柔质感相结合，受到市场欢迎。蜀菁文化在AI辅助设计的助力下，将蜀绣蜀锦的应用场景不断拓宽，实现文化价值与经济价值的双重提升。

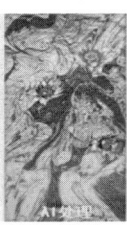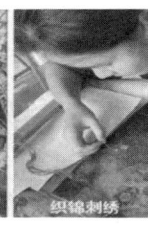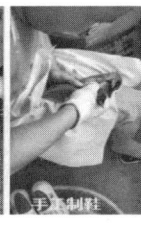

图6-13　AI新锦绣步步生花鞋流程图①

三、结语

在2023年成都第31届世界大学生夏季运动会、2024年成都世界园艺博览会、2025年成都世界运动会等世界瞩目的盛会上，都能看到蜀绣蜀锦的身影②。中国丝绸协会副会长吴金良也曾提出，蜀绣蜀锦行业需要秉持产业化思维、搭建市场化平台、推动产品生活化、实现发展模式创新以及发展理念更新。在该案例中，AI与蜀绣蜀锦的结合，不仅为锦绣产品的创新提供了多样的可能，而且为其价值链、产业链的升级开辟了可行的路径。

---

① 蜀菁文化.从正仓院锦履到AI新锦绣步步生花鞋［EB/OL］.（2021-09-07）［2024-10-25］.https://mp.weixin.qq.com/s/q9kKarP9OVZFxOvR8S3lpw.

② 锦观新闻.穿越千年 蜀锦蜀绣在成都焕发新活力［EB/OL］.（2024-08-25）［2024-10-25］.https://baijiahao.baidu.com/s?id=1808366431879565203&wfr=spider&for=pc.

案例三　AIGC助力徽州砖雕的创新传承

一、案例简介

（一）徽州砖雕

徽州砖雕、徽州石雕与徽州木雕被称为"徽州三雕"，是徽州地区独特的传统艺术表现形式，被列入第一批国家级非物质文化遗产名录。徽州砖雕广泛应用于门楼、门罩、八字墙、镂窗、屋檐、屋顶、屋翎及旌表牌坊、神位龛座等建筑中，赋予建筑物典雅、庄重的格调[①]。因而遍及城乡，至今仍保存在明、清时期的古建筑祠堂、大厅、寺庙、书院和民居中。

徽州砖雕制作工艺精湛，从选料、制坯到雕刻，每一个环节都体现了工匠们对传统技艺的追求和对文化传承的坚守。徽州砖雕的用料与制作极为考究，一般采用经特殊技艺烧制的水磨青砖为材料，色泽纯净，用泥要求无砂粒杂质，取泥要经选、切、晒、碎、筛、淘等工艺处理。将青砖细磨成坯后，匠人需在上面勾勒出画面形象，凿出物象的深浅，确定画面的远近层次，然后根据各个部位的轮廓进行精心刻画，局部"出细"，使事先设计好的图案凸显出来，富有意境美。

砖雕手法多样，包括平雕、浅浮雕、深浮雕、透雕、榫卯挂镶等。工艺程序严谨，分为修砖、放样、打坯、出细、修补。砖雕主要的传统工具有凿（分平凿、斜凿、三角凿、圆凿四种，每种皆有不同规格，计约百支，

---

① 中国工艺美术学会.赏读｜徽州砖雕：朴而不凡 雕刻的艺术［EB/OL］.（2023-04-05）［2024-11-05］.https://www.cnacs.net.cn/19/202304/4779.html.

大凡技艺越高凿子越多)、弓锯、牵钻、撬、木槌、磨石、错刀或砂布、棕刷以及画图的木炭棒等。砖雕常见的建筑构造如门楣上正副框边雕版、两侧方框雕版、额枋雕版、元宝、各式雀替、榫饰、悬柱头饰、门翅、各种锦纹、回纹嵌花雕版、卷草、缠枝边线雕版、鳄鱼吻尾,等等,主要用于装饰民居建筑的门楼、门罩等部位。

然而随着时代变迁,徽州砖雕也出现一些传承问题。一方面,大量古代砖雕因为人为或自然的损坏而流失,珍品日渐减少;另一方面,现代建筑的兴起及机械化的普及,使得砖雕从业人员大量失业,砖雕也开始面临失传的风险。

(二)徽州砖雕传承人的数字化实践

本案例研究对象是徽州砖雕代表性传承人程立斌,他于2014年回到老家歙县,拜入省级非遗代表性传承人吴林水门下学习传统徽州砖雕雕刻技法,2016年出师后创办程氏砖雕工作室,一直致力于探索传统砖雕与现代生活相融合的方式。2022年参加了传统工艺数字化建设方面研修班,开始探索传统工艺与现代科技相融合的新路径。研修班期间,程立斌利用AI绘画工具创作了砖雕作品《安妮的守护》。

二、AIGC应用于徽州砖雕的创作之径

(一)AI辅助砖雕图案创意生成

本案例始于2022年,传承人程立斌在上海美术学院李谦升老师团队的指导下,用关键词和语句来描述自己的创作需求,通过AI相关技术生成了一系列的设计方案。他根据生成的平面图案,结合砖雕材料的特性和工艺特点进行优化设计,最终创作出砖雕作品《安妮的守护》(见图6-14)。

图6-14　应用AI创作的砖雕作品《安妮的守护》①

当生产效率的大幅度提升严重冲击市场时，砖雕的创新迫在眉睫。人工智能绘画工具的出现为砖雕创作带来了新的机遇，能够帮助手艺人在图纸设计、工艺创新表达等方面事半功倍。

（二）新媒体拓宽徽州砖雕传播广度与深度

新媒体平台具有门槛低、形式多、传播快、互动强等特点，为"非遗"文化的传播提供了广阔的空间，也为依据公众的需求和反馈调整传播内容和策略提供了渠道。在该案例中，传承人拍摄了作品《安妮的守护》创作

---

① 程立斌，李姣姣.【非遗传承丨学员专访】程立斌，数字技术助力非遗传承，我为徽州砖雕代言！[EB/OL].（2023-02-22）[2024-11-05]. https://www.163.com/dy/article/HU60MJPO05149GE3.html.

过程以及徽州砖雕介绍、"砖雕手艺人雕刻刀是怎样保养的"等一系列普及性视频内容，为徽州砖雕的推广发挥促进作用。此后，他逐步掌握了拍摄、剪辑、制作视频等技能，创作的视频内容在抖音、小红书、B站、微信视频号等多个平台发布，收获了不少关注与支持，也为其坚持创作注入了原动力。

（三）AI在徽州砖雕传承传播中的应用拓展

纹理与图案是砖雕的重要组成部分，这些图案通过徽州砖雕向人们传达出重要的信息，展现了徽州人的精神世界和文化追求。AI能够将徽州砖雕的图案、文字、历史背景等信息进行数字化处理，科学系统地建立起砖雕数字化资源库，并借助网络平台进行展示，让大众以一种更新颖的交互方式接触非遗、体验非遗。

在此基础上，AI还可以进一步辅助砖雕图案的创新设计。徽州砖雕艺术风格是装饰创意的基点，对于图案创新有着重要的指引作用。在徽州砖雕原有元素的基础上，相关人员可以采用形与意的逻辑同构、形式抽象、符号引用、概念隐喻等手法创作工艺品，使其既有所创新又不离其宗，具有徽州砖雕特色。例如，现代风格建筑往往以简约为主，其结构相对简单，而徽州砖雕主要分布在建筑外部，制作烦琐，因此设计者可以提炼砖雕图案元素与室内家具装饰结合，这样的设计不仅有利于装饰居住空间，而且能扩大砖雕艺术的适用范围，从而开拓年轻化市场[①]。在砖雕图案创新过程中，可以借助AI技术提供更多元的创意灵感，并结合现代设计理念和技术，为消费者带来全新的消费体验。

---

① 李梦杰.非遗保护视域下徽州砖雕的技艺传承与活力重塑策略研究[J].美术教育研究，2023（23）：55-57.

三、结语

徽州砖雕不仅是徽州传统文化的重要代表，也是几千年来中国工匠精神的真实写照。传承徽州砖雕工艺，是保护徽州文化特色的重要途径。在保护维度方面，AI可应用于徽州砖雕的数字化保护与修复。AI图像修复技术可以通过对大量同类完整砖雕图像数据的学习，利用深度学习算法中的卷积神经网络等技术手段，对受损的文物图像进行智能修复。同时，在保护徽州砖雕的过程中，要将其与现代科技、当代审美相结合，利用数字化智能化技术激活创意思维，找到一条适合徽州砖雕传承与发展的重塑活力之路。

案例四　紫砂壶+AI，"匠心智韵"的跨界合作

一、案例简介

（一）宜兴紫砂器（壶）

宜兴手工紫砂陶技艺是主要流布于江苏省宜兴市丁蜀镇的一种传统制陶工艺。该工艺产生于宋元，成熟于明代，迄今已有超过600年的历史。紫砂陶制作技艺以特产于宜兴的一种具有特殊团粒结构和双重气孔结构的紫砂泥料（包括紫泥、朱泥、本山绿泥等）为原料，采用百种以上的自制工具，经过打泥片、拍打身筒（圆器）、镶接身筒（方器）或镶接与雕塑结合（花器）、表面修光、陶刻装饰等步骤完成陶制品。

宜兴紫砂陶制作技艺成品以茗壶为代表，有光器（又分圆器和方器）、

筋纹器和花器等不同的造型流派。紫砂器内外均不施釉，以纯天然质地和肌理为美。作为茶具，其良好的透气性有助于人们感受茶之色香味。由于紫砂器与中国传统的茶文化相关联，因此也成为茶文化的重要组成部分。

（二）"匠心智韵"——传统工艺与人工智能的跨界联动

该案例来源于宜兴紫砂壶国家高级工艺美术师吴利群与深圳市国智人工智能研究院的95后人工智能工程师陈映桦的跨界合作。"请帮我生成一组紫砂壶作品，需要有中华狸花猫元素，日常用来喝茶"，作为一位国风爱好者，她熟练地在阿里国际设计人工智能平台上输入自己的设计想法，通过20余次的调整和修改指令语句，最终呈现出了满意的设计图（见图6-15）。①

图6-15　通过生成式人工智能设计并由非遗工艺美术大师制作的紫砂壶作品

---

① 洪秋婷.广东深圳：人工智能赋彩非遗创新［EB/OL］.（2024-04-26）［2024-10-25］. https://www.163.com/dy/article/J0MOT3790530QRMB.html.

该项目旨在通过生成式人工智能技术辅助紫砂壶的设计，实现传统工艺与现代科技的融合。在AI技术的辅助下，紫砂壶的设计更加便捷、精准、高效，这一创新结合在紫砂壶界引起了一定的关注。

二、生成式人工智能助力紫砂技艺创新性发展

（一）生成式人工智能技术助力设计流程简化

宜兴紫砂壶以其手工技艺和艺术造型闻名遐迩。然而在紫砂壶设计过程中往往受限于匠人的个人经验和想象力，且设计时长和成本成为瓶颈问题。将AIGC技术引入紫砂壶的设计中有望改善和解决此环节的制约。

AI在紫砂壶设计中的应用首先体现在智能化设计辅助上。借助生成式人工智能技术，设计师可以直接在数字平台上进行设计，并实时调整优化。通过大数据分析和机器学习技术，AI能够分析历代紫砂壶的经典款式、造型比例、色彩搭配等要素，从而辅助设计师进行新作品的创作，这种AI+的设计方式使紫砂壶设计效率提高到原来的两倍，大幅缩短了设计周期。在该案例中，陈映桦利用阿里国际设计人工智能平台完成设计工作，他结合用户的个性化需求，运用AI技术进行智能设计，生成了一系列创新性的紫砂壶设计方案，大大提高设计的效率和准确性。此外，生成式人工智能能够分析大量设计案例和元素，为设计师提供新的创意灵感，通过输入关键词或描述性语句，人工智能可以快速生成多个设计方案供设计师选择；通过分析现代设计趋势和消费者偏好信息，人工智能可以设计出既具有传统美感又符合现代审美需求的紫砂壶作品，这种融合创新不仅拓展了紫砂壶的设计空间，而且提高了其市场竞争力。

就紫砂壶设计而言，通过机器学习算法AI可以进一步分析紫砂壶的外观特征、设计元素、比例关系等，生成更为体现传统特色的设计方案。具

体而言，AI能深度学习纹理、壶型等技艺，从而在保持传统风格的基础上融入现代审美，为紫砂壶的守正创新提供灵感源泉。

（二）生成式人工智能技术实现面向市场的个性化定制

过去，传统技艺作品/产品的设计是相对封闭在专业领域的，而基于AI进行设计可大大降低设计门槛。通过简单的指令和交互，非专业用户也能快速生成具有创意和美感的设计方案，降低了设计的门槛，使得更多人能够参与到紫砂壶的设计过程中来，促进了设计的民主化。

生成式人工智能能够根据用户的需求和喜好生成个性化方案，实现按需定制。据了解，利用阿里国际AI设计平台，"每一个用户都可以点击进入'堆友'设计平台，通过生成式人工智能完成个性化设计，参与非遗、认知非遗"。在此基础上，随着消费品领域全链条柔性生产（CtoM）的发展和突破，AIGC可以帮助市场小众需求实现小批量定制化生产，紫砂壶是一个尝试，也是一个契机。[1]在消费领域，按需定制这一特性尤为重要，用户可以通过生成式人工智能平台表达自己的想法和需求，获得独一无二的产品设计，这种定制化生产模式可以提高用户满意度，推动紫砂壶消费市场的发展。

（三）人工智能成为文化传承的媒介，拓宽传播渠道

数字技术的引入不仅是一次技术上的创新尝试，更是助力非遗技艺传承与发展的新路径。通过AI技术辅助设计和数字化呈现，可为紫砂壶的传播提供更多元化的渠道和方式；通过社交媒体、在线展览等平台展示AI设计的紫砂壶作品，可以吸引更多年轻人的关注和参与，从而拓宽传统文化

---

[1] 洪秋婷.广东深圳：人工智能赋彩非遗创新［EB/OL］.（2024-04-26）[2024-10-25］.https://sdxw.iqilu.com/share/YS0yMS0xNTU1NzQ5OA==.html.

的受众群体和传播范围。

数字智能技术还可助力紫砂壶展览展示。比如,将人工智能和虚拟现实等技术相结合,把紫砂壶的数字模型嵌入现实场景中,观众通过手机、平板或电脑扫描特定标记后,即可在屏幕上看到动态的紫砂壶介绍、历史背景及制作工艺演示,还可以与虚拟的紫砂壶进行互动,如旋转、缩放观察细节,提升观众参与度和信息获取深度,使得观众能够更加深入地感受紫砂壶文化。又如,可通过开发紫砂壶制作过程的 VR 体验应用为观众提供沉浸式体验。用户通过佩戴 VR 设备即可"亲临"制壶现场,从选泥、成型、雕刻到烧制,每一步都能亲身体验,仿佛成为一位真正的紫砂壶匠人,这不仅能增加学习的趣味性,也能使更多人深刻理解紫砂壶背后的文化价值和制作工艺。

三、结语

AI 为宜兴紫砂壶的设计、传播等带来了变革和机遇。AI 相关技术可精准地把握紫砂壶的设计要素,创新设计理念,满足当代消费者个性化的产品需求。宜兴紫砂壶技艺与 AI 技术的结合,打破了传统紫砂壶制作的固有模式,展示了紫砂壶传统工艺与现代科技深度交融的潜力。同时,我们也需注意到 AI 技术对非遗传承的潜在风险,过度依赖 AI 技术可能导致非遗传承过程中人文精神与情感内涵的缺失。因此,应坚持"以人为本、科技为辅"的原则,发挥 AI 技术辅助作用的同时保持紫砂壶工艺的核心文化内涵。

第七章　AI 助推非遗的"两创"振兴

当代，非物质文化遗产的传承与保护面临愈加复杂的局面。首先，经济社会高速发展对非遗传承的影响巨大。由于城乡结构的剧烈变化，许多非遗项目都面临着掌握传统技艺的传承人群普遍老龄化的问题，有些非遗项目还面临濒危甚至出现了"人去艺绝"的境况。相关数据显示，我国国家级非遗代表性传承人整体平均年龄达60岁以上，超过60%的人年龄超70岁。[①] 其次，数字鸿沟已经成为非遗传承与发展面临的主要挑战。数字鸿沟是指不同社会群体在接触、获取以及有效运用数字技术方面存在的差异。对非遗传承人而言，这一鸿沟可能会阻碍他们采用现代数字化工具来辅助传承、实施传播，进而影响其所持有非遗项目的传承质量、传播效率以及整体的传承面貌。

当前，许多非物质文化遗产项目正处于维系传承性与现代性平衡的关键时期，即所谓"守正创新"。非遗的传承性要求其坚守文化内涵及核心技艺，确保文化脉络的连贯性与纯粹性；同时，快速的社会变迁、新兴的

---

① 唐璐璐.亚洲四国乡村传统手工艺集群化发展策略的比较研究［J］.文化遗产，2019（3）：39-46.

科技浪潮以及人们不断更迭的审美与消费需求汹涌而来，非遗的存续与发展必然诉诸原有价值的拓展、原有功能的转化，即运用"创造性转化、创新性发展"寻求突破。AI相关技术在此过程中可展现出无可比拟的应用潜力和协同优势，成为助力非遗适应当代需求、实现发展振兴的有力工具。

第一节　AI辅助非遗实现价值拓展与转化

当下，AI正以其独特的优势融入各行各业，尤其是创新领域，它也将助力非物质文化遗产适应当代，实现价值的拓展与转化。其一，利用AI辅助设计工具，传承人只需输入一些基本的非遗元素、风格偏好以及想要表达的文化内涵等信息，AI便能迅速生成一系列创意设计方案，大幅缩短设计创作周期，使传承人能够更高效地将非遗元素与现代审美需求相结合。其二，AI相关技术可降低非遗元素创新创造的门槛，使得更多人参与到非遗的传承、发展和转化中，促进非遗保护利用的民主化。其三，当代消费者越来越注重产品的个性化和独特性，AI辅助设计使得非遗产品能够更好地适应这一消费趋势，提供多样化、定制化的产品选择。

非遗与现代生活的融合时，AI能够辅助拓展非遗的应用场景和功能。以传统手工艺为例，经济与科技的发展速度与许多传统技艺制成品需求的消亡速度成正比，如果不寻求新的应用场景、应用功能，则将会依赖于"输血"存续。而借助传感器、人机交互、物联网、图像识别等人工智能相关技术，传统手工艺的文化内核能够得到深层次挖掘，继而高效提取、最优转化为适应当代需求的产品，建立和延长观众与非遗的交集。

除了让公众"看得见""听得见"，借助人工智能生成技术，非物质文化遗产可以拥有更为身临其境、实时交互、仿真互联的应用场景，促进产生新的传承动力。有学者也认为，人工智能依托计算机识别、图像仿真等技术形成数据智能体，让非物质文化遗产资源模拟仿真交互环境，增强用户体验感。①此外，AIGC 相关技术让非遗传承的动力、功能的需求更加明晰，我们可通过对用户反馈数据的实时分析不断优化和调整，使一些非遗门类的产品和服务更加贴近公众需求与偏好，从而提高竞争力和当代价值。

AI 还可赋能公众，让每个人都能成为非遗保护、传承和创新的参与者，更有可能激发大众对非遗的兴趣和热情。比如，有些具有商品性的非遗项目过去主要受到生产规模、设计创新等限制，市场受众相对较窄。而 AI 辅助设计可帮助这些非遗项目实现柔性生产，适应当代消费趋势，开展小批量按需定制，使其满足公众对非遗产品的多元化、个性化需求，从而拓展这些门类非遗生产性保护的渠道。

第二节　AI 助推非遗要素再造及扩展应用

AI 相关应用善于抓取各类非遗要素用于再创造及扩展应用。具体来说，AI 拥有强大的数据抓取与分析能力，能够按需精准抓取各类非遗要素，通过深度学习对这些要素进行分析、建构及再创造，放大及转化非遗包含的艺术、科学等各类价值。

在保障传承人群权益的前提下，AI 技术相关应用有望大幅加速非遗要素授权的实践步伐。传统的非遗要素授权流程相对烦琐且需耗费较大确权、沟通等时间成本，涉及多方的沟通与协商，而在 AI 辅助下可以搭建智

---

① 牛金梁.非物质文化遗产智能化传播的数字技术赋权逻辑［J］.湖南师范大学社会科学学报，2020，49（5）：150-156.

能授权平台，通过区块链技术确保授权要素信息的准确性与透明度，从而实现授权流程的数字化与自动化。传承人群只需将非遗要素上传至平台，设置好授权条件和范围，当有合作方提出需求时，平台便能快速匹配并完成授权交易，大大简化授权流程，提高授权效率，连接不同领域的创作者和机构，推动非遗跨界合作创新；同时，传承人群上传非遗要素如存在侵权异议，也可快速识别加以反馈，改善可能存在的权益保障"死角"。

人工智能相关技术可有效应用到非遗衍生品开发和生产过程中。人工智能相关技术在创意生成、方案优化等环节可带来革命性的变革，可以为非物质文化遗产的衍生开发带来诸多便利。AI能够通过深度学习算法，快速分析和处理海量的文化要素数据，在短时间内生成大量富有创意的初步设计方案，从而形成具有创意性和文化内涵的衍生品。① 这种高效的创意生成机制不仅能够显著提高设计效率，还能为设计师提供多样化的灵感来源，有效突破传统设计思维的局限性。

AIGC技术还具备强大的智能优化能力，能够根据预设的设计目标和评估标准，对生成的方案进行自动筛选和优化。例如，在非遗文创产品的设计过程中，AIGC相关应用可以根据设计师输入的文化元素、设计风格、目标受众等关键参数自动生成多种设计方案，并通过深度学习算法对这些方案进行全面评估和优化，这种智能化的设计流程不仅能够大幅提升设计质量，还能有效降低设计成本，为非遗产品的大规模生产和市场化推广提供强有力的技术支撑。② 这一过程如果能够邀请传承人或相关专业人士参与设计优化评估，并不断记录相关数据，则机器学习水平会不断优化，符合非遗衍生开发的各项要求，实现可控的智能化。因而，非遗衍生开发可

---

① 沈烨. AI时代非遗衍生品的市场化探索［J］. 艺术市场, 2024（5）: 107-109.
② 魏玮. AIGC技术在非遗传统文化创新设计中的应用研究［C］// 河南省民办教育协会. 河南省民办教育协会2024年学术年会论文集（上册）. 成都：四川长江职业学院, 2024: 2.

第七章 AI 助推非遗的"两创"振兴

朝着人本化、多赢化方向发展，有望解决当前开发中文化价值缺失、市场价值不足、产业链有待延伸等问题。有学者也认为，在人工智能的支撑下，非遗形成了从线上知识学习、直播、售卖到线下展览、体验等在内的产业链。[①]

此外，结合虚拟现实、区块链等技术，AI 还可创建更多非遗传承传播的虚拟应用场景。这些虚拟场景可以模拟非遗项目所处的自然人文环境，让观众身临其境地体验、传习非遗实践；借助区块链技术还可为非遗数字资产的确权和管理提供保障，确保非遗相关数字内容的版权清晰明确。在数智时代，这些创新应用将有效拓展甚至重构非遗项目得以活态传承的存在形态和动力机制。非遗不再局限于线下的展示与体验方式，而可通过数字化、虚拟化的手段以更加多样化、便捷化的方式在更广阔的空间中得到传播和发展，让更多的人能够接触和了解，助力人类非遗真正实现全球共享和永续传承。

以 AI 技术辅助传统舞蹈的传承与创新为例，下面进行较为详细的分析。

舞蹈，作为一种身体语言艺术，它是人类通过有组织的身体动作，构建起的一套意义表达系统，承载着个体情感与群体文化内涵。在艺术创作语境中，舞蹈编排被视为在空间和时间维度上对动作的有机整合，以实现特定艺术意图的过程。AI 与舞蹈艺术相结合，实现了从表演载体到动作创新的数据化、超现实化转变，开创了一种集 AI、科技与身体动作于一体的舞蹈编创模式。除了上文提及的"人类与人工智能共舞"案例，还有其他一些依托 AI 等数字化技术开展舞蹈编创的案例。例如，在 2023 年美国计算机协会设计交互系统会议上，有研究者分享了用全息投影 LuminAI 设计

---

① 肖梦涯.推荐算法+短视频：非遗营销组合创新［J］.贵州社会科学，2021（2）：141-147.

的黑盒子空间互动艺术装置（见图7-1），该装置通过对舞者动作捕捉、数据编码、动作分析及动作转换，最终将生成的AI舞蹈呈现在全息图上，为观众带来一场舞者与AI共同创造的全息舞蹈体验，这个分享激发了参会者对舞蹈在教学、训练以及编创方面应用的热烈讨论。下面归纳一下人工智能在舞蹈创作过程中的主要运用方式。

图7-1 用全息投影LuminAI设计的黑盒子空间互动艺术装置[①]

一是机器学习与深度学习算法。近年来为了生成新的运动数据，机器学习和深度学习算法已应用于运动生成领域。AI在舞蹈创作中的应用主要以模拟人脑认知结构为主，人工神经网络是一类模拟生物神经网络的模式匹配算法，通常用于解决分类和回归问题，现已成功应用于舞蹈动作的生成。通过人体姿态估计技术，人工神经网络从特定舞蹈视频中提取连续的舞姿数据，这些数据反映了人体关键点坐标在不同时间的变化，为后续的动作分析与创作奠定了基础。人工神经网络是机器学习的一个庞大的分

---

① 仝妍，胡一蝶.人工智能与舞蹈："AI+"的身体美学构建[J].艺术学研究，2024（1）：72-77.

支,有几百种不同的算法,深度学习就是其中的一类算法,其核心在于对人脑思维深层次的学习,通过算法来模拟创作、表演等过程并创造新的舞蹈动作。深度图像分析也是一项重要的AI技术,其使用过程主要通过校准的3D相机来捕获人体的深度图像,并通过分析3D人体模型的深度图像来识别人体姿势。深度图像分析能够实现连续的实时姿势识别,为智能舞蹈制作提供了技术支持,同时也为艺术家的创作赋予了灵感,使人机协同创作成为可能。

二是智能音乐编舞。智能编舞除了能以舞蹈动作语言为算法,还可以利用音乐生成新数据进行智能舞蹈编创。过渡帧插值和路径控制算法,在强调舞蹈动作创作的智能编舞的过程中丰富了舞蹈的空间性,使舞蹈在舞台上的呈现更加立体、多样。节奏分析方法能够根据脚部垂直方向的变化速度和手部位移来定义运动的节奏,并利用关节角速度的极值点作为节奏分割点,对运动特征曲线进行重构,实现智能音乐编舞。

三是基于动力学的即兴创作。在基于动力学的即兴创作方面,智能创作系统能够实时学习人形运动模式,无须预先训练。舞者穿戴动作捕捉服,成为人与机器间的连接,将人体的运动信息实时传递给AI。AI通过传感器的现场输入学习人体形状,并使自己的视觉形式与之一致,一旦系统识别出人类的形状,它就开始模仿人类运动序列,并根据所学知识进行即兴创作[1],为舞蹈表演带来了更多的不确定性和创新性,丰富了舞蹈的表现形式,使作品更具生命力。

但是,AI介入传统舞蹈创编也存在一些潜在问题。一是应平衡艺术家和技术的关系,确保舞蹈编创以"艺"为中心。舞蹈艺术蕴含着深厚的文化底蕴,其承载的文化高度与情感深度难以用纯粹的数字和算法来衡量。

---

[1] 王堃潇,蒋方舟.AI技术背景下的数字化舞蹈编创演绎[J].人文天下,2023(8):52-58.

在舞蹈编导专业人才的培养过程中，若过度依赖数字技术与计算机算法进行教学，可能会偏离艺术创作的核心。这种形式是否还是艺术？要如何进行才能确保教学以"艺"为中心？人工智能赋能舞蹈编创是否违背了舞蹈自身的发展规律？种种顾虑成为舞蹈专业人才培养，尤其是舞蹈编导专业人才培养数字化、智能化进程中的阻碍。学者劳伦·温根罗特指出，人工智能技术在舞蹈领域的应用，可能会进一步复杂化舞蹈界与版权、署名、报酬等关系，甚至可能将艺术家从舞蹈创作过程中边缘化。①首先，舞蹈既源于生活又高于生活，舞蹈创作是建立情感共同体和民族认同感的过程。在舞蹈创作中应用人工智能并非要取代艺术家的地位和作用，而是将人工智能作为一个辅助工具，与艺术家形成平等的创作伙伴关系。其次，灵感是一种豁然开朗的顿悟式思维状态，是创作的发现和飞跃，是长期积累的结果。它是人脑的特有机能和对客观现实的创造性反映。艺术家一定是有灵感的人，但不是每一个有灵感的人都能成为艺术家。②因此，AI对舞者而言只是一个工具，是一个用于探索更多动作可能性的工具，能够帮助他们从实时自动生成的动作序列中寻找灵感，但绝不能取代艺术家的主体地位与创造性思维。

二是数据隐私与安全性问题。在数字化舞蹈的编创与演绎过程中，数据隐私与安全议题至关重要。舞蹈创作者的灵感、演员的表演以及观众的参与，均通过大量数据紧密相连。数据在收集、储存及处理环节隐藏着诸多隐私与安全风险，要求我们必须采取审慎措施，以保障所有相关方的权益。数据隐私在数字化舞蹈创作中具有敏感性，无论是舞者的动作捕捉、面部表情记录，还是观众互动数据的搜集，都可能触及个人隐私的边

---

① AI科技圈..数字时代与AI共舞［EB/OL］.（2024-09-07）［2024-10-28］. https://blog.csdn.net/2401_86742815/article/details/141639983.

② 窦心语,贾琳.AI赋能舞蹈编创的技术综述与人才培养的展望［J］.浙江艺术职业学院学报,2022,20（4）:90-96.

界。例如，利用摄像头或传感器分析观众情绪时，易获取其面部特征等个人信息，进而构成隐私泄露的风险。因此，在数据收集阶段，必须严格遵守隐私保护法规，运用加密技术、匿名处理等手段来减轻隐私泄露的潜在威胁。同时，数据存储与传输的安全性也极为重要。海量的舞蹈数据需依托系统或云平台存储，而这些数据的安全直接关系到创作者、演员及观众的切身利益。强化数据加密与访问控制实施严格的身份验证机制，是确保数据安全的关键步骤。此外，确保智能设备或应用本身的安全性，防止黑客入侵或数据外泄，同样是保护数据隐私的重要一环。通过合理的技术手段、制定隐私保护政策以及确保用户知情权，可以在数字化舞蹈创作中实现对数据隐私和安全性的有效保护，促进数字化舞蹈领域的可持续发展。

三是技术故障与系统稳定性。技术故障与系统稳定性是舞蹈创作与演出流程中必须审慎评估的关键点。随着虚拟现实、增强现实、传感器等前沿科技的深度融合，数字化舞蹈作品日益趋向复杂化，系统稳定性成为保障演出顺利进行的关键。[①] 从舞者角度来看，虚拟舞蹈场景中的虚拟元素若出现技术故障，可能导致无法正常渲染，影响舞蹈表演的效果；而传感器在数据采集过程中的任何干扰，都可能致使舞者的动作无法被精确捕捉与识别。从系统角度来看，数字化舞蹈通常依赖于复杂的硬件架构与软件系统，这些系统在演出现场必须维持高度的稳定性。例如，VR设备的性能与稳定性直接关乎舞蹈场景的流畅度与沉浸感，在演出过程中，系统的不稳定可能引发画面卡顿、传感器数据延迟等一系列问题，进而影响舞蹈作品的最终呈现效果。因此，在数字化舞蹈创作的初期阶段，实施全面的系统测试与故障排查，确保所有技术组件的可靠运行，显得尤为重要。

---

① 王堃潇，蒋方舟. AI技术背景下的数字化舞蹈编创演绎［J］. 人文天下，2023（8）：52-58.

第三节 AI助力非遗在虚拟社区的数字孪生

AI技术作为虚拟社区的核心驱动力之一,为非遗在虚拟社区的数字孪生提供了有力支持。AI可以构建非遗数字资源库,实现非遗资源的数字化、网络化和智能化管理。在对非遗相关文字、图像、音频、视频等数据进行采集、处理和分析的基础上,可以形成丰富的非遗数字资源库,为非遗在数字时代得到更好的保护、传承和发展提供坚实的数据基础。非物质文化遗产等文化资源可与大模型建立一种互惠关系。大模型作为人工智能领域的核心技术,其训练高度依赖于高质量、多元化的数据资源,而非遗、文物、古籍等文化资源所蕴含的数据具备独特的文化价值,这些历经岁月沉淀的珍贵资源可以为大模型提供丰富的训练素材,大大增加数据的历史纵深度。在非遗、文物、古籍等领域,已经持续开展了数十年的数字资源建设,如数字化记录、数据库、图像库等,加之非遗记录工程、智慧博物馆、智慧图书馆等的多年探索,将海量文化资源数据投入大模型训练,将使得这些文化遗产在当代和未来发挥不可估量的作用。

此外,多元化的网络社区可使非遗的传播甚至传承超越地域限制,形成全球互动网络,有效打破物理空间等障碍,助力非遗在虚拟社区实现数字孪生。这些平台利用大数据和AI算法,对用户行为偏好进行分析,实现非遗相关内容的精准推送,确保每个用户都能接收到与自己故乡、兴趣等高度契合的信息,用户的参与度和体验满意度都可得到很大的提升。同时,无论是个人创作非遗相关艺术作品的感受,还是参与非遗相关文化活动的体验,抑或是对某个非遗项目的专业见解,都可通过社区平台得到广泛分享和展示,得到兴趣人群的及时反馈。这种以用户为驱动的内容共创机制，在加强"非遗"文化社区归属感的同时，也推动着非遗知识的普及传播和价值共创。

AI还可以推动非遗等文化资源的共享利用。非遗、民俗中包括了鲜活的实践和表达，古籍、文献中包含了深邃的思想和智慧，文物、书画中包含了丰富的符号和形象……当这些要素通过机器学习充分交融之时，社会治理中的古人智慧、文化高峰的孕育过程、艺术创作的清晰轨迹都将全景化全息化呈现。其一，通过AI等相关技术构建的非遗数字孪生模型，还可以模拟和预测非遗项目的发展趋势和潜在风险，为非遗的保护和传承提供科学依据。其二，AI的智能算法可以根据需求和反馈对非遗虚拟社区进行优化和升级，提高其可持续发展能力。其三，通过数字化手段，非遗可以跨越时空界限滋养当代与未来人类的精神世界，"非遗"文化将在这一过程中逐步构建起全球情感共鸣和价值共享的生机勃勃的生态网络。

当下文化与科技的融合已是大势所趋，人工智能相关技术可激发非遗的内在文化基因，赋予非遗更多的价值放大和转化渠道，而非遗也能让智能科技展现出更加人性化、人文化、情感化的一面。

案例一 "乘云"出山：贵州丹寨蜡染AI数字人直播

一、案例简介

（一）丹寨蜡染

蜡染是一种以蜡为防染材料的传统手工印染技艺，通过涂抹熔化的蜡在布料上制作美丽的图案，极具民族民间特色。贵州丹寨被誉为"中国蜡染艺术之乡",匠人们以传承已久的匠心技艺,将这里的山水风光、民族风情"投影"在一幅幅精美的蜡染作品中,展现了国家级非物质文化遗产代表性项目名录——苗族蜡染技艺的独特魅力。在蜡染制作过程中,匠人们以天然的蜂蜡和蓝靛草为原材料,遵循着世代相传的工艺流程,将脑海中对美好生活的愿景,以蜡为墨、以刀为笔、以布为纸具象化地呈现在每一幅蜡染作品之上,每一道蜡痕、每一抹色彩都承载着丹寨人民深厚的文化底蕴与民族情感。

(二)丹寨蜡染AI数字人直播

与许多深山之中的非遗技艺和手工产品一样,蜡染曾经也面临着"少人知晓""山高路远""触不可及"等困境。如何传承蜡染文化、销售蜡染产品,成为需要解决的问题。为了打破这一局面,当地村民积极加入当地网络直播培训,期望通过直播带货的形式将蜡染技艺、蜡染产品传播出去。在此基础上,贵州电商云与华为云联合在贵州丹寨建立了直播基地,还依托华为云盘古数字人大模型打造AI数字人直播,为贵州苗族蜡染技艺非遗传承人生成数字人开展直播,助力蜡染产品走出大山,走向市场(见图7-2)。

近期,"数字人带货"概念再度火爆,不少头部平台纷纷推出数字人主播。在AI技术加持下,低成本的数字人成为电商竞争的又一赛道。根据《中国虚拟数字人影响力指数报告》内容显示,2023年"数字人、虚拟人"相关的企业已达99.3万余家,其中超过40万家是2023年新增企业,同比涨幅达到42.3%。[①] 中国传媒大学发布的《2024中国虚拟数字人影响力指

[①] 张海杰.2023年度数字人企业新增超四成 山东位列全国前三[EB/OL].(2024-04-13)[2024-10-30]. https://www.thepaper.cn/newsDetail_forward_27021175.

第七章　AI 助推非遗的"两创"振兴

数报告》认为，AI 技术的广泛介入极大提升了虚拟数字人的交互能力、内容生成能力及智能化水平。未来数字人可能成为 AI 技术的具象化载体，有望在更多领域发挥重要作用。

图 7-2　"盘古数字人大模型赋能电商直播"海报①

华为云 MetaStudio 数字人直播服务具有较好的易用性与便捷性。通过简单的文本或图片输入，即可快速生成通用的数字人模型；视频生成数字人则只需要拍摄一段 5 分钟的视频，便能精准生成个性化数字人模型，降低了技术应用的门槛，让普通村民也能轻松参与到数字人直播中来。继而形成了"真人主播＋数字人主播"的模式，数字人的声音、表情、口型、肢体动作都高度还原真人，口型匹配率可以达到 95% 以上。AI 数字人能够实现 24 小时不间断直播，为丹寨的非遗产品及农产品等提供了更多的推广机会。此外，AI 数字人还具备强大的语言学习能力，只需用母语训练一次，

---

①　闻然. 数字新农人，贵州又遥遥领先了［EB/OL］.（2023-09-22）[2024-10-30］. https://baijiahao.baidu.com/s?id=17777344489634666230&wfr=spider&for=pc.

141

即可掌握20多国语言，真正让"直播+非遗"的销售模式走向国际市场。①目前，AI已经嵌入丹寨村民的生活和工作中。

二、AI数字人直播优势

（一）内容产出层面：降低手艺人直播门槛，提高直播效率

复杂烦琐的蜡染技艺对村民来说驾轻就熟，可直播这一新兴传播形式却难倒了村民。丹寨许多村民习惯使用方言交流，普通话水平相对有限，与网友互动较为困难；不少村民在面对镜头介绍自己熟悉的蜡染产品时，表现出不自信、表达不畅等情况。此外，直播基地与村庄之间的地理距离较远，也给村民带来了许多不便。有的村民至少需要提前两个小时出发赶山路，每天直播结束后又要匆忙赶回家里处理家务、照顾农活，一定程度上增加了生活负担。

面对以上难题，贵州电商云另辟蹊径，联合华为云引入"数字人"，用AI打造了专业的数字人主播助手，辅助村民进行直播讲解。AI数字人直播技术能够自动生成专业的直播内容，准确无误地传达信息，有效避免了因人为因素导致的信息错误或遗漏；通过先进的数据分析和机器学习算法，AI数字人主播还能根据观众的反馈与需求，实时优化直播内容，提升用户体验。此外，真人主播工作4小时后，AI数字人能够继续另外20小时的带货播报，实现24小时不间断直播，全天任何时段网友们都能在直播间进行互动下单。AI数字人与真人主播形成了高效的协同合作模式，极大地提高了直播效率。

---

① 金错刀.普通电脑也能玩《黑神话》？这些AI创新，早该全面登场［EB/OL］.（2024-08-29）［2024-10-30］.https://baijiahao.baidu.com/s?id=1808724511990569103&wfr=spider&for=pc.

第七章　AI助推非遗的"两创"振兴

（二）文化传播层面：形式新颖生动，增强观众对非遗的兴趣和认同

新颖的传播形式与内容对于吸引观众的注意力至关重要。AI数字人主播通过深度学习、自然语言处理、计算机视觉等前沿技术，能够高度模拟非遗传承人的语言风格、表情神态以及肢体动作，为观众营造出相对真实、沉浸式的交互体验。直播间里，数字人"主播韦老师"正在向广大网友介绍非遗蜡染的制作过程，下方评论区是网友们络绎不绝的称赞（见图7-3）。

图7-3　数字人"主播韦老师"①

---

① 朱登芳. 贵州电商云联合华为云助力丹寨蜡染"乘云"出山［EB/OL］.（2023-09-21）[2024-10-30］. https://baijiahao.baidu.com/s?id=1777654309413337775&wfr=spider&for=pc.

AI数字人主播的外观和动作设计均充分融入了传统文化元素，通过身着蜡染服饰、运用蜡染元素装饰直播背景等方式，将丹寨蜡染所代表的苗族文化特色鲜明地展示给观众，吸引了众多外地消费者的关注与喜爱。AI数字人主播通过通俗易懂的语言和生动形象的表达方式，将复杂的蜡染工艺及其深厚的文化内涵深入浅出地介绍给观众，使得观众能够更直观地感受到蜡染技艺的魅力，从而增强对"非遗"文化的兴趣和认同。

（三）宣传推广层面：助力蜡染"乘云"出山，拓展更广阔的市场

华为云MetaStudio数字内容生产线依托盘古数字人大模型，使其数字人不只是简单的"0101"的比特传输，而是一种有温度的模型交互，让网友感觉像在真人直播间一样。只需采集一段5分钟视频，就能精准生成包含用户的表情、口型和动作等特征的逼真的数字人模型（见图7-4）[①]。同时，基于10万级高质量直播语料的预训练，该模型可以自动生成专业的直播表达文案，口型匹配度大于95%，数字人在直播过程中，能够准确、流利地介绍产

图7-4　数字人大模型操控页面

---

① 闻然.数字新农人，贵州又遥遥领先了［EB/OL］.（2023-09-22）[2024-10-30］. https://baijiahao.baidu.com/s?id=1777734448963466230&wfr=spider&for=pc.

品，并与观众进行实时、有效的互动。此外，AI数字人不受地域和时差的限制，具备强大的语言拓展能力，只需用母语训练一次，即可使用20多国语言进行直播，扩大了产品的销售范围，助力蜡染乘云出山，触达更广泛的受众。

过去，传统手工艺品往往受限于地域和销售渠道的限制，难以实现大规模推广。借助"贵州电商云"和"华为云"的技术平台，AI数字人打破了传统营销的时空限制，通过电商平台、品牌官网等多元化的线上渠道，蜡染产品得以拓宽销售渠道，提高了产品的曝光度。随着蜡染产品的广泛销售，农民的收入来源得到了有效保障，生活水平得到显著提高。同时，蜡染产业的兴起还带动了物流运输、包装设计等相关产业的协同发展，创造了更多的就业机会，促进了地方经济的可持续发展。

三、非遗技艺文化内涵被削弱，难以满足体验经济下消费者需求

作为传统技艺类非遗，丹寨蜡染的传承是一个复杂而多元的系统化工程，不仅包括蜡染作品这一物化的物质载体，更涵盖了制作过程中所蕴含的独特工艺、匠人们代代相传的经验技巧以及随着时代环境变化而不断演变的传承体系等，每一道工序都承载着其深厚的文化内涵与历史记忆。长期以来，丹寨蜡染由于其复杂的专业流程、相对偏远的地理位置，难以满足业余用户期望快速获得正向愉悦体验的需求。在体验经济蓬勃发展的时代背景下，消费者更加注重即时性、互动性和个性化的体验。如今传统技艺等非遗通过数字态的转化、复原、再现和活化，使其能够突破时空限制，借助数字化平台营造多感官的临场体验和交互沉浸，为丹寨蜡染的传播提供更多可能。[①]但是，直播行业具有极强的商业属性，在丹寨蜡染的

---

① 张文莉，杨佳欣.情景体验下的丹寨蜡染"数字化传承"研究［J］.设计艺术研究，2024，14（4）：88-93，144.

AI数字人直播过程中，可能会出现过于注重产品营销而忽视文化内涵的传播现象，需要我们保持警惕。

四、结语

情感因素对于建立主播与观众之间的信任度和忠诚度至关重要，真人主播能够凭借自身的情感表达、个性化的语言风格，给予观众一种独特的情感陪伴。这种情感陪伴是建立在人与人之间的真实互动基础之上的，能够让观众感受到被关注、被理解，从而增强对主播及其所推荐产品的信任。AI数字人尽管在外观和语言表达上能够高度模拟真人，但在情感传递方面仍存在明显不足，正如一名消费者所言："有很多主播都会记得老顾客并互动，被真人关注的感觉是AI无论如何做不到的。"部分头部直播间负责人也表示，良好的品牌商誉依赖日常的情感与信任积累，他们对投入数字人主播仍持谨慎态度。"技术的迭代虽然让数字人拥有和人类一样的外表，但无法让数字人拥有人类的灵魂。"杭州优链时代科技有限公司创始人、CEO蒋亚洪说，数字人产业是一个全新的产业，需要不断地探索和试错。当前最大的挑战是在探索试错的过程中，快速找到成功的商业模式。① 面对这一困境，需要进一步提升AI数字人的情感交互能力，围绕数据集、制作工具、内容服务等方面构建协作创新模式，通过优化算法、丰富情感表达数据库等方式，提升数字人的情感识别和回应能力，以满足用户对于情感陪伴的需求，缩小"心"与"芯"之间的距离。

"非遗+AI数字人电商直播"模式为非遗传承提供了新的机遇与挑战。虽然该模式目前尚存在着成本较高、灵活性较差、用户信任待建立和法律

---

① 李国.AI数字人：迎来发展"黄金期"[N].工人日报，2024-07-02（007）.

政策风险等问题,但随着技术的不断进步和市场的不断成熟,这些问题将逐步得到解决,AI数字人直播有望在更多非遗项目中得到应用,为非遗传承与乡村振兴注入新的活力。

案例二 云茗智匠——制茶技艺传承人AI数字人电商直播

一、案例简介

(一)天目湖白茶制作技艺

天目湖白茶属于绿茶的白化品种,其制作技艺源自江苏溧阳当地传统制茶的加工手法,堪称扁平型绿茶制作技艺的典型代表。该技艺主要包括收青、摊晾、杀青、理条、煇锅和烘干六道核心工艺。新摘下的嫩叶经过初步筛选后进行摊晾,这个过程需要对温度和湿度进行精准把控,保证茶叶在晾青的同时不受损害;手工杀青时锅温需控制在150℃至200℃,时长5到6分钟,通过高温迅速破坏茶叶中的酶活性,阻止茶多酚等物质的氧化,固定茶叶的色泽与香气;炒干分二青、三青,3至4次进行,炒干的同时理条整形,锅温80℃至110℃,时间90到120分钟;干燥工序则通常采用传统的炭火烘焙或低温烘干方式,确保茶叶内外均匀受热,达到理想的含水量,保证茶叶品质的稳定性(见图7-5)。天目湖白茶成品干茶色泽翠白,扁平匀整,栗香、清香型居多,香气持久悠长,汤色嫩绿明亮。

天目湖白茶的生产销售已成为当地促进农民增收、实现乡村振兴的支柱产业。制茶产业催生了以溧阳为属地特征的绿茶（天目湖白茶）制作技艺传承群体，汇集了江康林、张虎炳、王志敏等一批制作天目湖白茶的能工巧匠，在全国范围内享有较高知名度，成为地域文化产业发展的典型代表。

图7-5　天目湖白茶制作技艺①

（二）制茶技艺传承人AI虚拟数字人电商直播

2023年"双十一"期间，天目湖白茶制作技艺非遗传承人江康林使用百度慧播星平台，打造了个人专属AI数字人并在百度优选进行电商直播（见图7-6）。慧播星平台为传承人自动生成了超拟真的主播形象、声音、直播脚本和直播间；同时，AI数字人主播还具备较好的交互能力，能根据观众在评论区的提问进行文字形式的智能回答，并提供专业的茶文化知识和购买建议。

---

① 丁鹏飞. 溧阳"天目云露"白茶再次斩获世界绿茶金奖［EB/OL］.（2021-11-08）［2024-11-03］. https://jsnews.jschina.com.cn/cz/a/202111/t20211108_2888415.shtml.

第七章　AI助推非遗的"两创"振兴

图7-6　天目湖白茶制作技艺非遗传承人
江康林虚拟数字人电商直播页面①

  天目湖白茶制作技艺作为江苏省第五批省级非物质文化遗产代表性项目，兼具文化价值和市场价值。然而，非遗传承人往往面临着"种茶不难，卖茶难"的困境，如何在瞬息万变的市场中敏锐洞察趋势，将蕴含深厚文化底蕴与高品质的天目湖白茶推向更广阔的市场，实现其应有的价值，成

---

① 庞妮. 5分钟生成，数字人直播带货这么简单了？[EB/OL].（2024-05-14）[2024-11-03］. https://finance.sina.com.cn/cj/2024-05-14/doc-inavestr1118760. shtml.

149

为非遗传承人们当下面临的难题。

AI数字人技术为非遗传承人带来了新的机遇。相关资料显示，百度慧播星平台是百度旗下具备全栈式直播间生成能力的产品，可量身定制属于传承人的数字人及其直播间（见图7-7）。百度视觉技术团队综合大模型、3D建模等技术，研发了一整套覆盖2D/3D建模、驱动、渲染全流程的技术方案，确保了数字人形象的呈现效果。AI及相关技术不仅让数字人形象栩栩如生，几近真人，更赋予了他们与人类交互的能力——通过AI脚本驱动与AI互动应答能力，实现了数字人与观众之间无缝、自然的交流互动，提升了用户的沉浸感与参与度，开启了人机交互在非遗电商直播领域的新形态（见图7-8）。在慧播星平台的助力下，传承人的电商直播事业取得了较好成效，AI生成的带货脚本富有文化底蕴，将茶文化与产品销售巧妙融合，实现了非遗产品文化价值与市场价值的有机统一。

图7-7 慧播星——业界首个AI全栈式数字人直播解决方案[①]

图7-8 慧播星——全维度集成顶尖AIGC能力[②]

---

① 何俊杰.从AI人人可用，到生态共荣［EB/OL］.（2023-10-17）［2024-11-03］.https://baijiahao.baidu.com/s?id=1779988252039817240&wfr=spider&for=pc.

② 何俊杰.从AI人人可用，到生态共荣［EB/OL］.（2023-10-17）［2024-11-03］.https://baijiahao.baidu.com/s?id=1779988252039817240&wfr=spider&for=pc.

此外，百度慧播星平台还推出了"千村万户直播计划"。相关资料显示，该计划旨在未来5年帮助2000个农村、10万名农民通过数字人进行直播，推动乡村振兴，助力文化传播。同时，百度慧播星平台还上线了多语种功能，帮助茶农和中小商家用十几种语言直播带货，打破语言壁垒，让更多商家能够轻松布局海外电商赛道，推动非遗产品等的便捷出海。

二、AI虚拟数字人主播开辟非遗电商直播新模式

人工智能技术的飞速发展为虚拟数字人的出现与完善提供了重要技术支撑。在计算机图形学、深度学习、自然语言处理等技术不断突破的背景下，虚拟数字人应运而生，作为一种通过计算机技术、人工智能、虚拟现实等技术手段创造出来的虚拟人物形象，可以模拟真人的外观、声音、动作甚至思维过程，为用户提供实感化交互体验。艾媒咨询于2024年4月发布的《2024年中国虚拟数字人产业发展白皮书》报告数据显示，2023年中国虚拟人带动产业市场规模和核心市场规模分别为3334.7亿元和205.2亿元，预计2025年分别达到6402.7亿元和480.6亿元，呈现强劲的增长态势[①]（见图7-9、图7-10）。同时调研数据表明，中国受访者对虚拟数字人的知晓度较高，超过五成以上被调查的企业使用过虚拟数字人技术。在常见的虚拟主播、虚拟偶像以及虚拟员工三种类型中，虚拟主播的受众最为广泛，达81.40%。

---

① 艾媒咨询 | 2024年中国虚拟数字人产业发展白皮书［EB/OL］.（2024-04-19）［2024-11-03］. https://www.iimedia.cn/c400/99947.html.

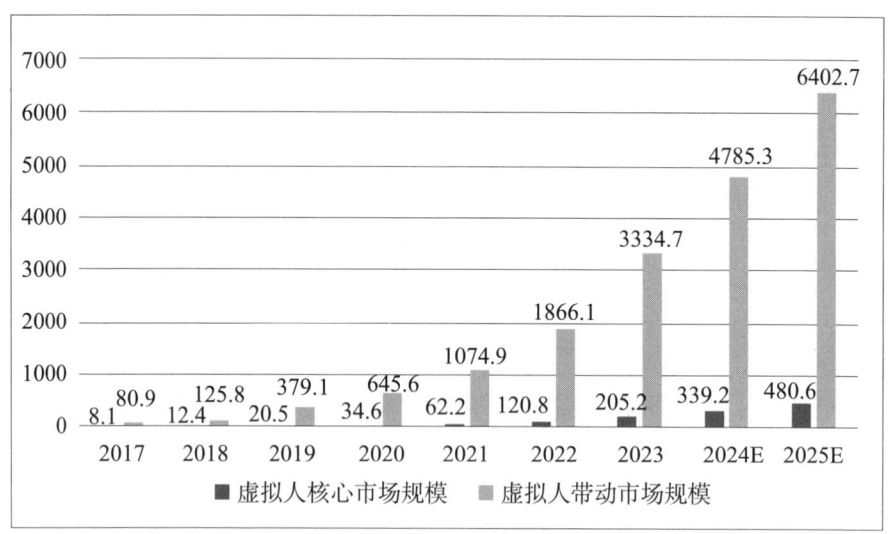

图7-9 2017—2025年虚拟人核心市场及带动市场规模（单位：亿元）①

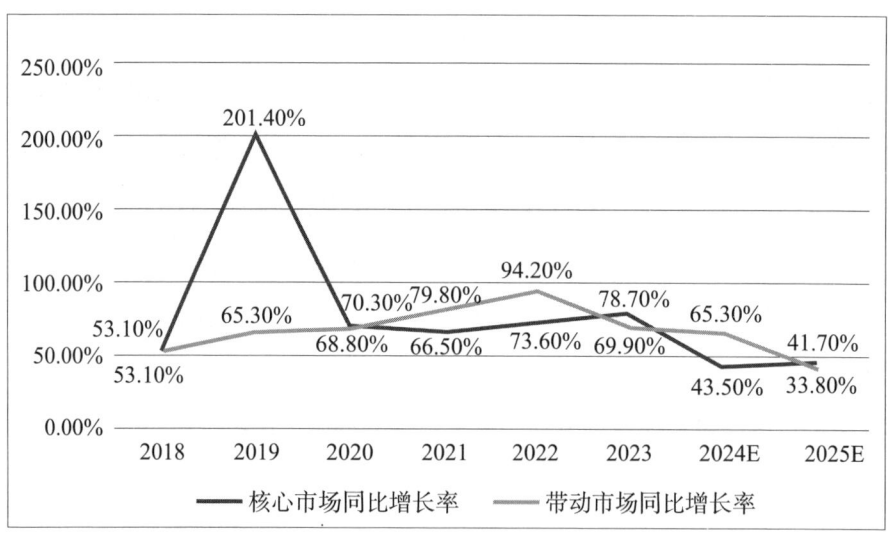

图7-10 2018—2025年虚拟人核心市场及带动市场规模同比增长率（单位：亿元）②

---

① 艾媒咨询 | 2024年中国虚拟数字人产业发展白皮书［EB/OL］.（2024-04-19）［2024-11-03］. https://www.iimedia.cn/c400/99947.html.

② 艾媒咨询 | 2024年中国虚拟数字人产业发展白皮书［EB/OL］.（2024-04-19）［2024-11-03］. https://www.iimedia.cn/c400/99947.html.

回顾电商直播历史，2016年直播功能起步，淘宝、京东等电商巨头纷纷布局直播领域。网络直播的即时互动特性，使商家能够直观、实时地展示商品细节，及时解答消费者问题，有效促进销售增长。2020年后，直播电商呈现爆发式增长，各平台极力构建更加闭环化的产业链路径，推动电商运营趋向精细化方向发展。与此同时，行业规范日渐完善，商务部、网信办等部门陆续出台政策进行引导，行业进入成熟规范化发展阶段。据中商产业研究院数据统计，截至2023年6月，我国电商直播用户规模为5.26亿人，较2022年12月增长1194万人，占网民整体的48.8%，彰显了其庞大的市场影响力和持续的增长潜力（见图7-11）。在这一发展浪潮中，人工智能技术推动了虚拟数字人与电商直播的融合，形成了虚拟数字人电商直播带货这一新的商业模式。AI虚拟数字人通过深度学习、计算机图形学等的结合应用，赋予虚拟主播魅力与潜力，为电商直播领域注入了新的活力。

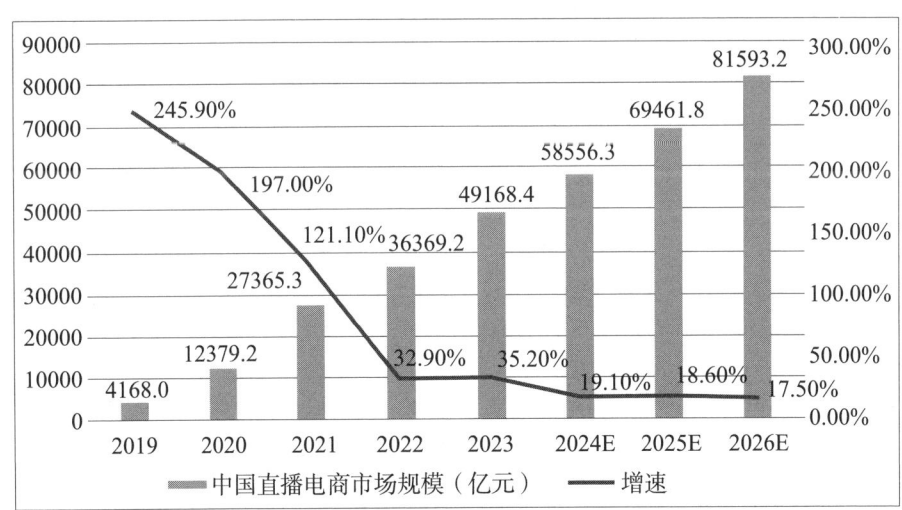

图7-11 2019—2026年中国直播电商市场规模及增速①

① 谦寻数字化成果入选艾瑞咨询《2023中国直播电商行业研究报告》[EB/OL].（2024-03-28）[2024-11-03]. https://app.xinhuanet.com/news/article.html?articleId=e7b095acc05851dcb705658d1c85164a.

（一）AI 赋能非遗直播电商场景，构建数字消费新生态

从数字人建模到电商场景打造，这一过程中综合运用了计算机视觉、自然语言处理、语音技术能力、文心多模态大模型、图像识别处理等多项技术。比如本案例在建模过程中，百度视觉人像唇形驱动技术将传承人的形象精准复刻为虚拟数字人，让数字人的每一个细微表情都生动自然，使其在直播交互中亲切真实，为观众带来高度逼真的视觉体验；在形象复刻的基础上，平台运用其自有的自然语言处理技术与语音大模型能力，赋予传承人的虚拟数字人语言理解和语言生成能力，实现直播场景从文本到语音的个性化复刻；为使数字人在直播过程中能与观众进行有效沟通，慧播星平台基于飞桨深度学习平台和文心知识增强大模型，助力虚拟数字人从海量数据中持续学习，构建丰富的知识图谱，使得传承人的虚拟数字人能够轻松完成智能问答生成、脚本文案创作等多种任务；此外，慧播星平台运用其图像识别及处理技术，利用海量图像、视频数据为传承人的虚拟数字人电商场景提供丰富的图像素材支持，实现一键装修数字人直播间，通过视觉设计营造出具有吸引力的电商直播场景，吸引用户的关注与参与。

"虚拟数字人+电商直播"模式正逐渐成为一种新型商业营销模式，推动数字消费的新一轮更迭。在电商直播浪潮下，由AI技术生成的虚拟数字人、虚拟直播间、虚拟脚本等有望重新定义电商直播的边界，构建虚拟数字人电商直播间这一数字消费新场景。在这一场景下，传承人的虚拟数字人可充分发挥自身优势，为观众提供个性化、多样化的购物选择和消费体验，拉近与观众之间的距离。传承人在虚拟直播间这一数字空间内以虚拟数字人为载体，用生动活泼的方式向观众展示制茶等非遗技艺，并传播茶文化的魅力，增强民众的认同感与喜爱程度（见图7-12）。

第七章 AI助推非遗的"两创"振兴

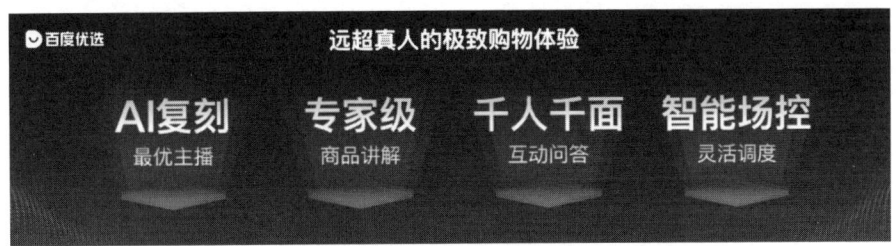

图7-12 慧播星——远超真人的极致购物体验[①]

（二）数字人24小时不间断直播助力非遗出海

虚拟数字人直播模式使得传承人的直播间具有了持续性，全天候展现产品的魅力。同时，传承人的虚拟数字人的直播话术借助AI相关技术可以转化成多国语言与文字，打破地域、文化的隔阂，使非遗产品能够触达更广泛的受众群体。这种全天候多语种直播模式使得非遗产品可对接世界各地不同时区的消费者，拓宽产品的销售范围。

（三）AI技术降低直播门槛，提高直播效率

非遗传承人受年龄、口音以及无直播经验、无运营团队等因素限制，难以较好地开展直播带货。而随着虚拟数字人、虚拟直播间、虚拟脚本的完善，将极大削弱这一行业壁垒，降低非遗传承人通过直播电商促进产品销售的门槛。

此外，AI相关技术也有助于降低投入成本，提高直播效率。与传统的实体导购或营销人员相比，虚拟数字人直播带货可以实现自动化和批量化的推销，通过虚拟数字人一次性向多个观众推销产品，降低人力成本和时间成本，提升销售效率。相关数据显示，慧播星数字人投入成本仅占真人

[①] 何俊杰. 从AI人人可用，到生态共荣［EB/OL］. （2023-10-17）［2024-11-03］. https://baijiahao.baidu.com/s?id=1779988252039817240&wfr=spider&for=pc.

直播的1/20。这种"日不落"直播模式与低成本的开播优势，对刚入局电商直播的非遗传承人而言，是打开直播赛道的一个契机（见图7-13）。在本案例中，传承人的虚拟数字人直播间实现了超越真人主播的多维度最优组合效果，降本增效并助推商品交易总额（GMV）增长超50%。

图7-13　慧播星——助力中小商家零门槛入局电商直播[①]

三、结语

虚拟数字人具有空间的虚拟性和性格行为特征的赋予性等特质[②]，而人工智能通过深度学习、计算机图形渲染等多种技术与电商直播深度融合，这些技术的协同可为非物质文化遗产代表性传承人及相关企业提供多种应用可能。

虚拟数字人直播带货虽然是一种新兴商业模式，但在大众接受度和市场认可度方面还暂时面临一些挑战。相较于真人直播，虚拟数字人直播带

[①] 百度优选慧播星——助力中小商家零门槛入局电商直播［EB/OL］.（2023-11-02）［2024-11-03］. https://baijiahao.baidu.com/s?id=1781418922673285675&wfr=spider&for=pc.

[②] 常宏.虚拟数字人在非遗传承发展中的应用［J］.人民论坛，2024（2）：103-105.

第七章　AI助推非遗的"两创"振兴

货可能因缺乏和观众的真实交流与情感共鸣，导致用户对其真实性和可信度产生疑虑，从而对互动和购物体验持保留态度，影响商业收益与文化传播效果。为应对这些风险，需从技术层面不断提高虚拟数字人的仿真度与情感交互能力，同时通过人工介入监管，确保直播内容的质量与合规性，提升了观众接受度与市场认可度。

案例三　《漫歌行——AI叙事音乐会》，AI与评弹的碰撞

一、案例简介

（一）苏州评弹

苏州评弹是苏州评话和苏州弹词两个曲种的合称，采用以苏州话为代表的吴语方言徒口讲说表演的传统曲艺说书形式，亦称"说书"。其发源于江苏苏州地区，形成于明末清初，流行于江、浙、沪地区，是首批国家级非物质文化遗产代表性项目名录中的曲艺类项目。

苏州评话在明末清初就已形成，清代中叶进入鼎盛时期，成立有行会组织光裕社，至咸丰、同治年间，出现了说演《水浒》的姚士章等名家。苏州评话的艺术传统非常深厚，其表演以说书人的第三人称视角为主导进行叙述，同时巧妙地穿插故事中人物的第一人称语言摹学。"起角色""表""白"等表演手法，以及赋赞、挂口、引子和韵白等韵文形式，极大地丰富了表演的内容与层次。[①]

[①] 苏州评弹（苏州评话、苏州弹词）[EB/OL]．(2024-03-01)[2024-11-03]．https://www.ihchina.cn/project_details/13581/.

苏州弹词是以说唱相间的方式用苏州方言表演的"小书"类曲艺说书形式，唱时多用三弦或琵琶伴奏，说时也有采用醒木作为道具击节拢神的情形。苏州弹词讲究"说噱弹唱"四大技艺，艺人在长期的说唱表演中形成了诸如官白、私白、咕白、表白、衬白、托白等功能各不相同的说表手法与技巧，既可表现人物的思想活动、内心独白和相互间的对话，又能以说书人的口吻进行叙述、解释和评议。在审美追求上，苏州弹词讲求"理、味、趣、细、技"。"理者，贯通也。味者，耐思也。趣者，解颐也。细者，典雅也。技者，工夫也。"①

苏州评弹作为中国传统戏曲剧种之一，在苏州地区具有重要的历史和文化地位，具有极高的传承价值。可近年来，新兴娱乐方式如潮水般涌现，极大地冲击了传统的文化艺术形式，苏州评弹听众锐减，书场不断萎缩，专业艺人大量流失，其生存与发展面临危机，急需借助新的技术与理念实现突破与转型。

（二）评弹+AI，漫歌行

《漫歌行——AI叙事音乐会》（简称《漫歌行》）是限像工作室（Limage Studio）与上海评弹团共同创作的一次综合跨界的实验性演出，创作团队包括评弹艺术家、音乐人、新媒体设计师、算法专家等来自不同专业领域的人才。该剧目于2024年4月在凯迪拉克·上海音乐厅主办的"数字缪斯——2024音乐科技融创节"上首次亮相，成功实现了评弹、时代曲等不同艺术门类的跨界合作，同时在机械臂开发、视觉实时识别交互、数字影像创作等不同领域进行了创新研发与融合，为非物质文化遗产的展示、传承与发展提供了新的思路（见图7-14）。

---

① 苏州评弹（苏州评话、苏州弹词）[EB/OL]．（2024-03-01）[2024-11-03]．https://www.ihchina.cn/project_details/13581/．

第七章　AI助推非遗的"两创"振兴

图7-14 《漫歌行——AI叙事音乐会》现场①

现场演出以AI音乐创编与经典评弹曲两部分呈现。德国音乐人约翰·尼格尔（Johann Niegl）与中国音乐人邓晴携手利用AI等数字技术，通过搭建《漫歌行》数据库、训练符合主题和创作需求的AI模型、生成音乐素材、精心作曲编曲再创作等一系列尝试，最终"复活"了时代曲机械臂女歌手"艾莉"，现场演绎《苏醒》《回头皆幻景》《繁华如烟》《重逢如是》《涅槃》《重逢》等多首曲目。②

主创团队通过动作编排、深度图像采集、智能照明、实时演算等先进技术，对"艾莉"进行了创造性的整合开发。同时，配合真实资料、模型

---

① 【@现场】高博文与AI机械臂共同"诉说"上海音乐记忆［EB/OL］.（2024-04-18）［2024-11-02］. https://sghexport.shobserver.com/html/baijiahao/2024/04/18/1299939.html.

② 吴韵一哥携机械臂歌手同台演出，AI编创时代曲助力多元文化碰撞［EB/OL］.（2024-04-19）［2024-11-02］. https://new.qq.com/rain/a/20240419A05BF000.

与文字，基于原创剧本进行的数字化设计创作而成的影像设计，使得机械臂歌手"艾莉"在音乐会中能流畅地融合声音、影像、动作进行表演。演出临近尾声时，机械臂头灯亮起，现场观众经由它的影像采集出现在了大屏幕上，由此呈现了"艾莉"眼中的世界，极大地增强了观众的参与感与互动感。①

评弹与时代曲，一个诞生在明清时期苏州商业大都会的市民文化环境中，一个孕育于20世纪上海国际化城市的市民文化环境。评弹历经波澜，在一代代表演艺术家薪火相传的努力下伴随着时代的足迹延续至今，而时代曲则出于社会变迁等种种缘由在音乐史的天幕上如流星般璀璨划过。此次音乐会将两者有机结合，是对不同时代文化记忆的唤醒与融合，为非遗文化在当代语境下的传承与发展提供了宝贵的实践范例。

二、AI赋予非遗艺术创作多元表达与多维呈现

（一）AI助力音乐创编与舞美设计，致敬多元融合的海派文化

据编剧兼舞台监督刘晶介绍，机械臂歌手所存的AI音乐是基于时代曲的再创作。主创团队在音乐创编过程中，借助AI技术对海量的时代曲数据进行深度挖掘与分析。AI通过对特定历史时期音乐元素的提取、学习与重组，能够生成既保留传统音乐韵味又具有现代创新风格的音乐作品，打破了传统音乐创作的固有模式和边界。通过对传统音乐作品的数字化转化与再创作，使其更好地适应现代观众的审美需求和文化消费习惯。在舞美设

---

① 吴韵一哥携机械臂歌手同台演出，AI编创时代曲助力多元文化碰撞［EB/OL］.（2024-04-19）［2024-11-02］. https://new.qq.com/rain/a/20240419A05BF000.

计上，主创团队结合真实影像、图片和文字资料，基于原创剧本的故事线进行了数字化的影像创作，通过AI将江南民宅、上海古建筑等具有地域文化特色的素材提取出来并进行3D渲染呈现在舞台上。通过不断变化的舞台场景，配合音乐的节奏与情感表达，为观众营造出一个沉浸式的视听空间。观众在听的同时调动多感官共同参与，透过女歌星"艾莉"的第一视角，感受其跌宕起伏的人生境遇和多元融合的海派文化（见图7-15）。

图7-15 《漫歌行——AI叙事音乐会》现场

在算法和大数据的支持下，AI可以学习并分析指定历史背景之下的时代金曲，生成风格相似或迥异的音乐，打破音乐创作的传统边界，为音乐创作带来更多可能性。此外，作为一种强大的辅助工具，AI还能模拟不同的声音和乐器，帮助创作者预览作品在不同编排下的效果，从而更好地打磨和优化作品。这不仅提高了创作效率和质量，还为音乐产业带来了更多的创新和发展机遇，为传统音乐和戏曲的活化开辟新路径。

（二）以"AI 数字灵魂"丰富叙事主体，机械臂表演实现具象化演绎

《漫歌行》打破了传统音乐会的演出形式和叙事框架，用原创的故事线搭载起评弹和时代曲两种艺术形式。本次音乐会中，国家一级演员、上海评弹团团长高博文作为评弹演奏者一人分饰两角，来回穿梭于两代评弹艺人俞筱泉与蒋玉卿师徒的双重时间线中，用《珍珠塔·妆台报喜》《离恨天》《玉人来》等评弹唱段讲述这场跨越时空的"重逢"。将拥有"AI数字灵魂"的机械臂歌手"艾莉"作为女主角，并赋予其一定篇幅的第一人称叙事视角，极大地丰富了音乐会的叙事层次和情感表达。"艾莉"通过机械臂的精准动作和屏幕上的生动影像，模拟了自己在时代变迁中的挣扎与成长。在表演过程中，她回忆起与俞筱泉的相遇和离别，以及自己在数字世界中的孤独与渴望，这种第一人称的叙事方式让观众仿佛能够亲身感受"艾莉"的内心世界，增强观众与角色之间的情感共鸣。

"艾莉"作为AI数字灵魂角色，还承载了音乐会对于过去与未来关系的深刻隐喻和思考，她既是过去时代的产物，又代表了未来科技的发展方向。"艾莉"通过第一人称的视角，展现了她在不同时代背景下的丰富经历，在音乐会的结尾部分，通过机械臂的动作和屏幕上的影像，呈现了其在不同时代背景下的形象变化——从一个时代曲歌手的身份，逐渐演变为一个具有AI数字灵魂的机械臂歌手，引导观众思考人与AI、过去及未来之间的复杂关系。这种变化不仅让观众看到了科技的进步和变革，更让观众感受到了历史的连续性和未来的无限可能，使得该作品在思想深度和文化内涵上均得到了拓展与升华。

（三）AI成为跨艺术门类合作的媒介，改变评弹传统观赏模式

从文化传承的创新发展层面来看，评弹与时代曲和观众之间产生链接的本质是艺术与时代相互滋养所产生的价值共鸣。AI技术、机械臂交互设计等现代科技成为跨艺术门类合作的媒介，扮演着文化传承"协助者"的角色，为创作者和传播者提供更多元的切入点。《漫歌行》主创团队利用AI技术和数字呈现手段在视觉、音乐、表演等艺术领域进行了创作形式的适配、艺术呈现的融合、工作程序的重新布局等诸多尝试，打破了以往观众对传统评弹单一的"听"的观赏习惯，让观众在评弹、时代曲、数字影像等多种艺术门类之间自由切换，全方位调动感官，增强演出的趣味性，延伸了创作空间。除此之外，借助AI技术将传统评弹唱段放置于新的叙事情境之中，突破了地域方言的障碍，赋予传统文化展示、传承与发展新的活力。

三、结语

《漫歌行——AI叙事音乐会》是传统艺术、当代艺术及新兴科技深度融合的一个典型案例，创作者除了将评弹与时代曲进行交织表达，还通过机械臂开发、视觉实时识别交互、数字影像创作等前沿AI技术的应用，为苏州评弹的艺术化表达赋予了新的内涵。观众在欣赏艺术的同时还能感受到时空的转换与交错，代入人物邂逅AI视角下的自己，思考人类与所处数智时代的关系。未来，随着技术的不断进步和应用场景的持续拓展，相信苏州评弹这一传统艺术形式将在新的时代背景下焕发出更加璀璨的光芒。

第八章　总结与展望

人类社会正在人工智能技术驱动下经历剧烈变革，其在对社会伦理、文化多样性等产生影响以及在发展领域展示出突破性潜能方面，迫使非物质文化遗产保护开展相关风险评估，直面多个方面的挑战与机遇：一是AI可能引发社会伦理问题，而非物质文化遗产是人类社会固有伦理体系及其实践的重要组成，其在AI时代是否会面临社会调和功能的萎缩，自身是否也会产生新的伦理困境？二是AI对人类之间的关系会产生影响，而以密切的人际关系为己任的非物质文化遗产，可能面临技术驱动的人类间关系的变革。三是人工智能对尊重和保护文化多样性提出了挑战，AI技术发展的不平衡、应用的不平等以及对其影响预估的不充分，会导致地区间非物质文化遗产所处存续环境的新一轮剧变。四是AI对文化创新的助益巨大，可丰富文化和创意产业，且技术快速更新将进一步加大人类应用技术开展文化创新的能力、条件及意识的差距……

非物质文化遗产是中华优秀传统文化的重要组成部分，其来源于过去，但活态存在于当代，其社会、经济、艺术、科学等方面的多元价值仍旧在当代发挥着作用。近年来，非遗的保护、传承与发展备受国家重视，也受到了公众的广泛关注,已经呈现社会各方广泛参与保护、谋求多赢的良好局面。在联合国教科文组织2021年发布的《人工智能伦理问题建议书》中明确提出人工智能对保护文化多样性提出了挑战,鼓励各国酌情将人工智能系统纳入非物质文化遗产等的保护、丰富、理解、推广、管理和获取工作。可见,国际社会也就人工智能对文化多样性及非物质文化遗产保护的正负影响予以关注。

在数字化、网络化、智能化背景下,非遗传承人群媒体与信息素养、非遗数据保护利用的成效对非遗本体传承的影响力正在不断增强。随着人工智能相关技术的应用范围不断扩大,AI开始介入非遗本体的传承发展,并可在非遗资源整合、管理、配置,数据开放共享等方面提供突破性、结构性的技术支撑,将非物质文化遗产保护的各项措施有序推进到智能化水平,拓展非物质文化遗产系统性保护、创造性转化、创新性发展的实现维度。

展望未来,科技与文化的深度融合,将会极大丰富非物质文化遗产的形态与内涵,使其更加多元化、个性化和智能化,拓宽非遗保护利用的边界与渠道,从线下到线上,从现实到虚拟,非遗将会焕发前所未有的生机与活力。"非遗+AI"命题的协同研究与反哺实践,将助力传承人群及相关从业者主动认知和应对技术变革的影响,促进人文伦理、遗产保护观念融入相关智能产品和服务研发之中,从保护文化多样性角度为全球人工智能治理贡献中国方案。

后　记

　　本书是2024年度国家社科基金艺术学重点项目"人工智能背景下非物质文化遗产保护的机遇与风险研究"阶段性研究成果。书中梳理了非遗从数字化保护到智能化应用的相关研究与实践历程，初步明确了人工智能与非遗保护、传承与发展的融合方向，并结合萌芽期的案例，对研究命题进行解构，开展趋势性探索。

　　这一课题由中国传媒大学非遗传播研究中心牵头，负责人为研究中心主任杨红教授。课题组核心成员包括：北京师范大学萧放教授，北京航空航天大学叶风教授、臧小戈教授，中国艺术研究院信息中心邓雪晨主任等。非遗传播研究中心科研助理刘彦吟承担了部分章节内容的编撰和全书的统筹编辑工作，体现了非常高的专业素养。"非遗+AI"在萌芽期出现的案例收集和分析是本书的重要组成部分。中国传媒大学文化产业管理学院艺术管理系和文化产业管理系的闫涵、毕经纬、李纳米、陈汶君、张蔚然、吕思怡、吕芷夕、纪静怡、刘可沁、赖宸馨、徐名佳、王灿雅、黄熙恬、倪扬、谢娜、杨明康、刘思琴等同学参与了案例的资料搜集、实地访谈及初步分析；陈汶君、张蔚然、岳珂等同学对案例材料

后　记

进行了编辑加工。

感谢非遗传播研究中心的朋友们在本书的编写过程中给予的大力支持：接受访谈、贡献资料、提供数据……

人工智能已来，非物质文化遗产领域如何应对潜在风险？如何从技术变革中获取新的保护动力与发展潜能？期待业内外更多专家、学者协同参与这一命题的研究与实践，共同构筑屏障保护文化传统的赓续传承，共同搭建平台推动活态遗产的可持续发展。

2025年2月

图书在版编目（CIP）数据

非遗+AI：从数字化保护到智能化应用 / 杨红主编. 北京：中国国际广播出版社，2025.7. --（"AIGC+文化传播"系列教材）. -- ISBN 978-7-5078-5856-3

I . G122-39

中国国家版本馆CIP数据核字第2025N2V792号

非遗+AI：从数字化保护到智能化应用

主　　编	杨　红
责任编辑	梁　媛
校　　对	张　娜
版式设计	陈学兰
封面设计	赵冰波

出版发行	中国国际广播出版社有限公司 ［010-89508207（传真）］
社　　址	北京市丰台区榴乡路88号石榴中心1号楼2001 邮编：100079
印　　刷	天津市新科印刷有限公司
开　　本	710×1000　1/16
字　　数	160千字
印　　张	12
版　　次	2025年7月　北京第一版
印　　次	2025年7月　第一次印刷
定　　价	58.00元

版权所有　盗版必究